Erhelle meine Nacht

DIE 100 SCHÖNSTEN GEBETE
DER MENSCHHEIT

Erhelle meine Nacht

DIE 100 SCHÖNSTEN GEBETE
DER MENSCHHEIT

Herausgegeben und erläutert
von Bernhard Lang

VERLAG C.H.BECK

1. und 2. Auflage. 2004
3. Auflage. 2005
4., durchgesehene Auflage. 2018

Mit 7 Abbildungen
Abbildung Seite 82:
© Ernst Barlach Lizenzverwaltung Ratzeburg

5. Auflage. 2018
© Verlag C.H.Beck oHG,
München 2004
Satz: Kösel Media GmbH, Krugzell
Druck: CPI Ebner & Spiegel, Ulm
Umschlaggestaltung: Geviert, Grafik und
Typografie, Michaela Kneißl
Umschlagabbildung: Hiroshige Ando (1797–1858),
Fischer am Fluss bei Mondschein (Ausschnitt),
Holzschnitt, Japan, um 1900,
nach einem früheren Druck, © akg-images
Gedruckt auf säurefreiem,
alterungsbeständigem Papier
(hergestellt aus chlorfrei
gebleichtem Zellstoff)
Printed in Germany
ISBN 978 3 406 71965 3

www.chbeck.de

Inhalt

Einführung: Der betende Mensch | 11

Schriftlose Völker
Gebete der Yamana (Feuerland) | 21
An den Schutzgeist (Fan, Westafrika) | 22
Morgengebet der Barolong (Südafrika) | 23
Fürbitte für das Volk (Quiché, Guatemala) | 24
An die Wiesenmaus (Dakota, Nordamerika) | 25
Anrufung der sechs Götter (Omaha, Nordamerika) | 26
Bitte um Annahme eines Kindes (Omaha, Nordamerika) | 27
Gebet vor der Mahlzeit (Arapaho, Nordamerika) | 29

Frühe Hochkulturen – Antike
Echnaton, Hymnen an den Sonnengott | 33
Assyrisches Sündenbekenntnis | 35
Homerische Hymne an Hephaistos | 36
Platon, Gebet des Sokrates | 37
Kleanthes, Hymne an Zeus | 38
Cato, Gebet des Großbauern | 39
Marc Aurel, Gebet der Athener | 40
Hymne an Isis | 41
Hymne an Artemis als Geburtshelferin | 43
Griechisches Gotteslob aus Ägypten | 44
Griechisches Lob des Weltenlenkers | 45

Israels Psalmen
«Behüte mich, Gott, denn ich flüchte zu dir» | 49
«Aus der Tiefe rufe ich, Herr, zu dir» | 50
«Sei mir gnädig, o Gott, nach deiner Güte» | 51
«Mit lauter Stimme schrei ich zum Herrn» | 52
«Ich erhebe meine Augen zu dir» | 53
«Wie herrlich ist dein Name» | 54
«Lobe den Herrn, meine Seele» | 55
«Herr, du erforschst und du kennst mich» | 57
«Herr, deine Liebe reicht bis zum Himmel» | 58
«Der Herr ist mein Hirte» | 59

Judentum
Gebet der Asenet: «Zu dir nehme ich Zuflucht» | 63
König Salomo, Gebet zur Tempelweihe | 64
Raba bar Josef, Bitte um Vergebung der Sünden | 66
Salomo Ibn Gabirol, «Ich such dich in der Frühe» | 67
Jehuda Halevi, «Zu dir steht all mein Sehnen» | 68
Tischgebete | 70
Gebet am Beginn des Sabbats | 71
Sabbatlied: «Seid mir gegrüßt, Engel des Dienstes» | 72
Abendgebet | 73
Lob des Schöpfers: «Herr der Welt» | 74
Kaddisch | 75
Mar bar Rabina, «Bewahre meine Zunge vor Bösem» | 76
Marcus Herz, Morgengebet des Arztes | 77
Else Lasker-Schüler, «Ein Lied an Gott» und «Zebaoth» | 78

Christentum

Das Vaterunser | 83
Mariengebet | 84
Augustinus, «Nur dich allein liebe ich» | 85
Abendgebet: «Bevor des Tages Licht vergeht» | 86
Hrabanus Maurus, «Komm, Heil'ger Geist» | 87
«Sei gegrüßt, o Königin» (Salve Regina) | 88
Franziskus von Assisi, Sonnengesang | 89
Thomas von Aquin, «Deinem Heiland, deinem Lehrer» (Lauda, Sion) | 91
Mechthild von Magdeburg, «Heiliger Engel Gabriel» | 92
Bitte um Befreiung von Angst | 93
Nikolaus von Flüe, «Nimm alles von mir» | 94
Thomas Morus, «Nimm von mir allen eitlen Sinn» | 95
Martin Luther, Kurze Gebete | 96
Teresa von Avila, «Dein bin ich, dir geboren» | 97
Franz von Sales, Einführung in das fromme Leben | 98
Heinrich Albert, «Führe mich, o Herr, und leite» | 99
Blaise Pascal, Gebet in der Krankheit | 100
Fénelon, «Ich weiß nicht, worum ich bitten soll» | 101
Tischgebete | 103
Matthias Claudius, «Der Mond ist aufgegangen» | 104
John Wesley, Erneuerung des Bundes mit Gott | 106
Novalis, «Wer einmal, Mutter, dich erblickt» | 107
Luise Hensel, «Müde bin ich, geh zur Ruh'» | 109
Annette von Droste-Hülshoff, «Und sieh, ich habe dich gesucht» | 110
Eduard Mörike, Gebet | 111
Fjodor M. Dostojewski, «Herr, nimm mich auf» | 112
Friedrich Nietzsche, «Noch einmal, eh ich weiterziehe» | 113
Abbé Esther Auguste Bouquerel, Friedensgebet | 114
Thomas H. B. Webb, Gebet um Humor | 115
Walter Rauschenbusch, «Bewahre uns vor eitler Zerstreuung» | 116

Edith Stein, «Du senkst voll Liebe deinen Blick» | 117
Dietrich Bonhoeffer, «Von guten Mächten» | 118
Reinhold Niebuhr, Gebet um Weisheit | 120
Dag Hammarskjöld, «Geheiligt werde dein Name» | 121
Fritz Pawelzik, «Ich werfe meine Freude» | 122

Islam
«Ich nehme meine Zuflucht zum Herrn der Menschen» | 125
Kurze Gebete des Propheten Mohammed | 126
Wallfahrtsgebet: «Ich suche Zuflucht bei dir vor dem
    Unglauben» | 127
«Unser Herr, vergib uns unsere Sünden» | 128
Wallfahrtsgebet: «O Gott, du hörst meine Worte» | 129
Koran, Sure 1 («Die Eröffnende») | 130
ʿAlî ibn Abî Ṭâlib, «O Sonne von herrlicher Gestalt» | 131
Nizâmi, Gebet der Schîrîn | 132
Wallfahrtsgebet: «O Gott, setze in mein Herz Licht» | 134
«O Gott, Herrscher über alles» | 135
Dhû'n-Nûn, «Gott, nie lausche ich» | 136
Dschalâladîn Rûmî, «Mit deiner Seele hat sich meine
    gemischt» | 137

Indien und Ostasien
Hymne an die Göttin der Morgenröte (vedische Religion) | 141
An alle Götter (vedische Religion) | 142
Lied an den Gott Indra (vedische Religion) | 143
Kamalâkânta Bhatâtscharja, Hymne an die Göttin Durga
    (Hinduismus) | 144
Swami Rama Tirtha, «Nimm mein Leben»
    (Hinduismus) | 145

Guru Nânak, Das ganze Weltall preist den einen Gott
 (Sikhismus) | 146
Die dreifache Zuflucht (Buddhismus) | 148
Buddhistische Mantras | 149
An Amida Buddha | 150
Bitten an die Sonnengöttin Amaterasu (Schintoismus) | 151

Anhang
Erläuterungen | 155
Quellenverzeichnis | 167

Einführung

Der betende Mensch

Gebet – das Atmen der Seele, der Pulsschlag der Religion, der Weg zum Herzen Gottes! Wenn über Gebet gesprochen oder geschrieben wird, werden Bilder beschworen, die, dem körperlichen Leben entnommen, etwas über die geistliche Existenz des religiösen Menschen zu sagen versuchen. Doch so faszinierend solche Bilder auch sein mögen, sie führen uns an das Gebet selbst noch nicht heran. Hierzu ist eine einfachere Sprache nötig, und so wollen wir mit einer Begriffsbestimmung beginnen:

Im Gebet wendet sich der Mensch in einer sprachlichen Äußerung an Gott. Viele Gebete entsprechen dieser Definition:

> «Vater unser im Himmel – unser tägliches Brot
> gib uns heute.»

Diese einfachste Bestimmung dessen, was «Gebet» sei, ist jedoch nicht erschöpfend. Angesichts der Vielfalt menschlichen Gebetslebens muss sie sich manche Ergänzung und Verdeutlichung gefallen lassen. Der Mensch kann ein Einzelner sein, der in der Einsamkeit sein Gebet verrichtet. Es mag aber auch eine Gemeinde sein, die sich zum Gottesdienst versammelt. An die Stelle Gottes können andere Mächte treten: vergöttlichte Ahnen, Heilige oder Engel, eine Vielzahl von Göttern – je nach der monotheistischen oder polytheistischen Religion oder Konfession des Beters.

Während der monotheistische Gott in Judentum, Christentum und Islam als weltüberlegene jenseitige Gestalt gilt, lässt sich das von vielen Göttern und gottähnlichen Wesen anderer Religionen nicht sagen. Dort treffen wir oft auf Gottheiten, die sich nicht durch Weltüberlegenheit auszeichnen, sondern als im Kosmos selbst beheimatete Wesen aufgefasst werden. Sie bilden einen besonderen Teil der Welt, ohne sich von dieser streng und grundsätzlich zu unterscheiden. So kann der Dakota-Indianer sich im Gebet an die Wiesenmaus wenden: «Du, die du heilig bist, habe Mitleid und hilf mir.» Die Bitte bezieht sich auf das tägliche Brot oder, genauer, auf die von den Mäusen angelegten Bohnendepots, die der Indianer – mit Dank an die Tiere – ausbeutet. Wenn – etwa bei den Omaha – Sonne, Mond und Berg als göttliche Wesen gelten, lässt sich der Kosmos selbst als göttliche Wirklichkeit verstehen; da diese Auffassung mit dem Wort Polytheismus (Glaube an viele Götter) nur unzureichend beschrieben ist, wurde dafür der Ausdruck Kosmotheismus vorgeschlagen.

Die als Gebet bezeichnete sprachliche Äußerung ist vielgestaltig – die Absicht des Beters bestimmt die Form ebenso wie das gebetssprachliche Repertoire, das eine bestimmte Religion und Zeit bereitstellt, oft auf der Grundlage von Gebetsformularen und -vorlagen, die als klassisch gelten. Die Vielfalt vermag den Leser religiöser Zeugnisse ebenso zu erstaunen wie zu verwirren. Klarheit entsteht erst dann, wenn wir vier grundsätzlich verschiedene Arten des Betens unterscheiden:

- Zufluchtnahme und Reinigung
- Bitte und Klage
- Lob und Dank
- Liebe zu Gott, Annahme seines Willens

In dieser Reihenfolge betrachtet, bilden die vier Arten des Gebets einen geistlichen Weg, der, mit der Zufluchtnahme zu Gott (oder einem Heiligen) beginnend, über Bitte und Klage zur dankbaren Feier führt, um sich in einer alles Bitten hinter sich lassenden Gottergebenheit zu vollenden. Unter Hinweis auf Beispiele aus der vorliegenden Sammlung wollen wir diese zur Höhe emporführende geistliche Pilgerschaft erläutern.

Die erste Stufe – Zufluchtnahme und Reinigung – ist in Gebeten und Sprüchen fassbar, die den Beter in den Schutz Gottes stellen und einen Zustand der Geborgenheit erreichen lassen. Gott selbst gilt als Asyl und Refugium – als Sicherheit gewährender Ort, außerhalb dessen Gefahr, Bedrängnis und Verlorenheit drohen. Prägnant ist der Zufluchtsspruch des Koran: «Zuflucht such ich beim Herrn der Menschen, dem Könige der Menschen, dem Gott der Menschen» (Sure 114). Der Spruch mag stellvertretend stehen für viele ähnliche Zeugnisse. Beschlossen in der Zuflucht zu Gott liegt die Übergabe des ganzen Lebens an ihn. Dabei kann sich der Beter grob verfehlen, will ihn doch der Teufel – so berichtet der Koran (Sure 23, 97-98) – dazu verführen, ein Zufluchtsgebet an ihn – statt an Gott – zu richten. Selbst wenn der Eintritt in den Bereich Gottes gelingt, bleibt, wenn nicht Gefahr, doch ein Rest von Unsicherheit, denn Gottesnähe erfordert ein hohes Maß an Reinheit, das der Zuflucht Suchende nicht mitzubringen vermag. Reinheit lässt sich erlangen, wenn Gott durch gnädige Vergebung die Last der Schuld von der Seele des Beters nimmt. Das babylonische Schuldbekenntnis bezeichnet den ersten Schritt: «Ich, dein Diener, habe jederlei Sünde begangen.» Dann gilt es, Vergebung zu erflehen: «Sei mir gnädig, o Gott, nach deiner Güte, in der Fülle deines Erbarmens tilge meine Frevel»

(Psalm 51). Ganz knapp formuliert die christliche Liturgie: «Herr, erbarme dich» – auch griechisch gesprochen oder gesungen: «Kyrie eleïson!» Nicht selten geht es bei solchem angstvollen Flehen um die Suche nach der einst vorhandenen, aber in den Irrungen und Wirrungen des Lebens verlorenen göttlichen Gunst.

Typisch für die moderne – also heutige – Mentalität ist, dass die erste Stufe des Gebets vielen Menschen nicht ohne Weiteres zugänglich ist, denn Gott wird als abwesend erlebt. «Ich suche dich in Schmerzen, birg dich nicht!» heißt es daher bei Annette von Droste-Hülshoff, und der junge Nietzsche flieht nicht zu dem durch christliche Lehre bekannten, sondern zum «unbekannten Gott». So muss sich der Beter zum Adressaten seiner Hoffnung vortasten, bevor er sich in dessen Schutz begeben kann.

Die oft spröde Sprache der Gebete der ersten Stufe kann nicht darüber hinwegtäuschen, dass der Fromme einen Weg beschreitet, der ihn in immer größere Nähe und Vertrautheit, ja Freundschaft mit Gott (oder einem Gott oder einer Göttin) oder mit einem Heiligen führt. Bei Novalis (Geistliche Lieder Nr. 1) finden sich die Zeilen:

«Wer hielte ohne Freund im Himmel,
Wer hielte da auf Erden aus?»

Zur Benennung der so entstehenden engen persönlichen Beziehung zwischen einem Menschen und seinem göttlichen Vertrauten hat die Religionswissenschaft den Begriff der «persönlichen Frömmigkeit» geprägt. Gekennzeichnet ist diese Form der lebensprägenden Spiritualität durch die Zuneigung eines Einzelnen zu seinem schutzengelgleichen göttlichen Begleiter, der ihm in der Jugend nicht anders als im erwachsenen Leben beisteht und an den er sich in jeder Not wenden kann. Ein zweiter wissenschaftlicher Ausdruck

– der «persönliche Gott» – will auf das Leben eines einzelnen Menschen als Feld der göttlichen Betätigung hinweisen. Unabhängig von ihrer sonstigen traditionellen Zuständigkeit etwa für Weisheit, Krieg oder lebenserhaltende Fruchtbarkeit können viele Götter und Göttinnen die Rolle des persönlichen, für einen einzelnen Menschen sorgenden und ihm gnädige Führung gewährenden Geistes übernehmen. Das Ideal des mit einem göttlichen Partner in Freundschaft verbundenen Menschen strahlt wie ein Leitstern durch die gesamte Religionsgeschichte.

Die Gebete der zweiten Stufe – Klage und Bitte – beherrschen das Gebetsleben aller Völker und Zeiten. Neben die Bitte um das tägliche Brot treten die Bitten um Regen für die Felder, Schutz vor Feinden, Erfolg im Kampf des Lebens, Genesung von Krankheit, Befreiung aus Gefangenschaft, Hilfe in jedem nur denkbaren Elend. Archaische Klänge dringen an unser Ohr, wenn wir davon hören, dass um ebenen Weg gebetet wird – ein in Zeiten ohne gepflasterte und geteerte Straßen verständliches Anliegen. Jahrtausende mussten vergehen, bis das Flehen um «ebenen Pfad» allen konkreten Bezug verlieren und nur noch bildlich den Lebensweg bezeichnen konnte. Oft begegnet auch die Bitte um Nachtruhe: «Verschon uns, Gott, mit Strafen und lass uns ruhig schlafen, und unsern kranken Nachbarn auch» (Matthias Claudius). Tritt aktuelle Not zurück und herrscht ruhige Besinnung vor, werden – neben Schutz und Bewahrung vor Unglück – eher geistige als materielle Gaben erfleht: Demut, Bescheidenheit, rechtes Augenmaß, Einsicht, Weisheit und sogar Humor. Ein bekanntes, in diese Sammlung aufgenommenes Gebet enthält die Zeile: «Herr, schenke mir Sinn für Humor, gib mir die Gnade, Spaß zu verstehen, damit ich ein wenig Freude habe im Leben.»

Fester Bestandteil vieler Gebetstraditionen ist die Feier, die dritte Stufe. Hier wird nicht mehr, wie auf den ersten beiden Stufen, die Bedürftigkeit des Menschen in den Vordergrund gestellt und der große, fast unüberbrückbare und durch Sünde noch vergrößerte Abstand zwischen Gott und Mensch betont. Gefahr und Krankheit sind überstanden, tägliches Brot wurde gewährt, Sieg ist errungen, und nun herrscht festliche und dankbare Stimmung. Lob und Dank werden geäußert – manchmal ganz schlicht wie in Tischgebeten, oft jedoch in hymnischer, schwungvolle Dichtung hervorbringender Sprache. Will man einer strengen Regel folgen (die nicht in jeder Sprache formulierbar ist), so setzt Dank stets eine konkrete helfende göttliche Tat voraus, während Lobpreis die unnachahmliche Größe und Herrlichkeit Gottes besingt, auch Gottes ewiges Walten in Natur und Geschichte. Echnatons Hymnus an den Sonnengott, der biblische Schöpfungspsalm (Psalm 104) und der Sonnengesang des heiligen Franziskus verherrlichen Gott ob seines Waltens in der Natur. Solche Hymnen sind nicht nur Erzeugnisse hoher lyrischer Kunst; sie zeugen auch von einer pädagogischen Absicht – der Hymnus wird zum begeistert vorgetragenen Lehrstück über Gottes universales Wirken, das Mensch und Tier gleichermaßen betrifft.

Was wir als «höheres Gebet» bezeichnen wollen – die vierte und letzte Stufe –, stellt eine kühne Weiterentwicklung der beiden vorausgehenden Stufen dar. Auf Bitte und Klage (die 2. Stufe) verzichtend und den Wunsch nach vergänglichen Gütern, ja nach jeglicher Gebetserhörung bereitwillig vergessend, schickt sich der Beter voll Demut in Gottes unergründlichen Willen. Er ist bereit, jedes Schicksal ohne Murren und sogar dankbar aus göttlicher Hand entgegenzunehmen: «Herr, schicke, was du willst, ein Liebes oder

Leides, ich bin vergnügt, dass beides aus deinen Händen quillt» (Mörike). Wird die Feier mit ihrer Stimmung von Lob und Dank und ihrer Anerkennung des freundlichen und gnädigen Gottes (die 3. Stufe) weitergedacht, so entsteht auf der Ebene des höheren Gebets die Feier der Liebe zwischen Gott und der menschlichen Seele. Nur wenigen begnadeten Betern zugänglich sind mystische Frömmigkeit und Gottesminne, die, an die Grenzen sprachlicher Möglichkeiten gelangend, oft von erotischem Vokabular Gebrauch machen. Die sich in Liebesverschmelzung vollendende Einheit von Mensch und göttlichem Partner setzt ein hohes Maß an seelischer Reinheit voraus, bringt sie doch eine Vergöttlichung des Menschen mit sich. Da diese Stufe selten erlebt wird, finden sich in unserer Sammlung nur wenige Zeugnisse mystischen Gebets. «Mit deiner Seele hat sich meine / gemischt, wie Wasser mit dem Weine», heißt es bei dem islamischen Mystiker Rumi, und die jüdische Lyrikerin Else Lasker-Schüler lädt Gott zum Liebesspiel ein: «Meine erste Blüte Blut sehnt sich nach dir, so komme doch, du süßer Gott, du Gespiele Gott.» Eine gewagte, der Mystik gleichwohl vertraute Sprache, in der das Atmen der Seele seine größte Tiefe und der Puls der Religion sein schnellstes Schlagen erreicht. Der Mystiker hat zum Herzen Gottes selbst gefunden.

Die Sammlung besteht zu einem Drittel aus christlichen Gebeten. Um diese gruppieren sich Zeugnisse anderer Religionen und Kulturen – Zeugnisse von schriftlosen Völkern, alten Hochkulturen, der griechisch-römischen Antike, aus der Bibel und dem Judentum bis zu Islam, Hinduismus und Schintoismus. Zur Erleichterung der Lektüre sind Erläuterungen beigegeben. Dem Leser, der Leserin wird rasch bewusst, wie stark das Gebet von religiösen und kulturellen Voraussetzungen, von Zeit, Ort, sozialer Schicht und Sprache abhängig und daher vielfältig ist – und dennoch eine innere Einheit aufweist.

Möge die kleine Sammlung von Gebeten helfen, Sinn für ein Tun zu erhalten und zu wecken, das – als Atmen der Seele, Pulsschlag der Religion, Weg zum Herzen Gottes – einer Tradition verpflichtet ist, die die ganze Menschheit umfasst und Zeugnisse von großer Schönheit hervorgebracht hat und noch heute hervorzubringen vermag.

Schriftlose Völker

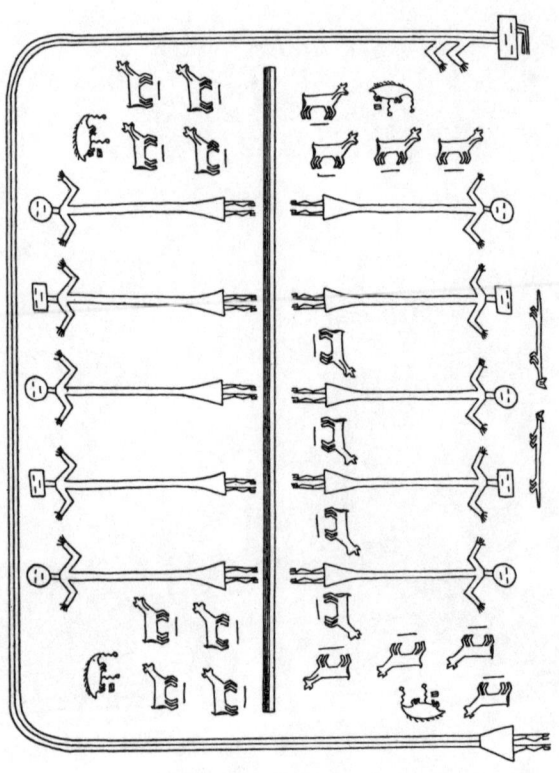

*Götter und Tiere in einem Sandbild
der Navajo-Indianer*

Wohlan, mein Vater,
sei mir heute gnädig!

★

Mein Vater, gutes Wetter
lass mich sehen!

★

Bitte, sei gnädig, mein Vater,
nimm das Boot in deine Arme!

★

Dank, mein Vater!
Dank, du guter Alter!

★

Dank, mein Vater, du bist gnädig gewesen,
du hast gutes Wetter geschenkt!

1   **Gebete der Yamana auf Feuerland**

Vater, der nie stirbt,
    der den Tod nicht kennt,
dessen Leben stets lebendig ist,
der nie die Kälte des Schlafes sieht –
deine Kinder sind hierher gekommen.

Sie haben sich um dich versammelt:
Umgib sie mit deiner Kraft, o Vater!
Lass deinen Schatten in sie eindringen,
du, Vater, der nicht stirbt,
du, Vater unseres Volks.

2 **An den Schutzgeist der Verwandtschaftsgruppe (Fan, Westafrika)**

Gottheit meiner Väter!
Ich bin ohne Essen zu Bett gegangen.
Ich bin hungrig zu Bett gegangen.
Andere haben ihre Mahlzeit gehabt,
andere konnten ihren Magen füllen.
Wenn es auch nur eine Meerkatze wäre
oder ein winziger Bissen –
ich würde mich freuen und dankbar sein!
Ich rufe an die Gottheit meiner Väter!

3　**Morgengebet der Barolong
　　(Südafrika)**

O du schönes Licht! Du Herz des Himmels,
Herz der Erde, du Spender des Überflusses!
Du Spender von Söhnen und Töchtern! Spende uns von
deiner Macht, deinem Reichtum! Leben und Wachstum
spende den Kindern deines Volkes. Lass sie sich mehren
und blühen, dass sie dir dienen, dir Nahrung geben,
dass sie dich anrufen auf Weg und Steg, auf den
Wasserfahrten, in Schlucht, Wald und Lianenwildnis.
Gib ihnen Töchter und Söhne! Unglück, Schuld möge
ihnen nicht widerfahren. Dass kein Lüstling sie von hinten
oder von vorne verführe! Behüte sie vor Fall und Wunden.
Behüte sie vor Unzucht, Verurteilung, vor Sturz beim
Aufstieg und Abstieg! Behüte sie vor Gegnerschaft und
Hinterhalt!
Gib ihnen gute Pfade, gute Wege! Lass kein Unheil,
keine Schuld auf sie fallen, Göttliche Kraft!
Möchten sie wahrlich eifrig dienen vor deinem Mund,
deinem Antlitz! Du Herz des Himmels, du Herz der Erde,
du Verborgene Kraft, du Tohil, Avilisch, Hacavitz
im Himmel und auf Erden, an den vier Ecken,
an den vier Seiten der Welt! Dass Friede und Eintracht
herrsche auf der Welt vor deinem Angesicht, o Gott!

4 Fürbitte der Fürsten für das Volk
   (Quiché-Indianer, Guatemala)

Du, die du heilig bist, habe Mitleid mit mir und hilf mir. Ich bitte dich darum. Du bist nur klein, aber doch groß genug, deinen Platz in der Welt auszufüllen. Du bist freilich schwach, doch stark genug für deine Arbeit, denn heilige Mächte stärken dich. Du bist auch weise, denn die Weisheit der heiligen Mächte ist ständig bei dir. Möge ich immer weise sein in meinem Herzen, denn wenn heilige Weisheit mich anleitet, wird sich dieses schattenverwirrte Leben in beständiges Licht verwandeln.

5 **An die Wiesenmaus**
   (Dakota-Indianer, Nordamerika)

Sonne dort oben, du bist göttlich,
du wanderst dahin auf deinem Wege,
und so bitte ich dich um Gutes,
was ich auch tue.

Mond dort oben, habe Mitleid mit mir,
ebne mir einen glatten Pfad.
Habe Mitleid mit mir und hilf mir mit Gutem,
was ich auch tue.

Himmel, du Vater oben,
du bleibst dort an deiner Stelle.
Ich bete zu dir,
was ich auch tue, nur Gutes schenke mir.

Erde, du Mutter hier,
ich bete zu dir.
Habe Mitleid und hilf mir.
Was ich auch tue, nur Gutes schenke.

Winde der vier Viertel,
führet mich eine gute Straße.
Ich bete zu euch.
Was ich auch tue, nur Gutes schenkt mir.

Fels, lieber Großvater,
der du hier sitzest.
Ich möchte werden wie du,
fest und unerschütterlich, darum bitte ich dich.

**6   Anrufung der sechs Götter
     (Omaha-Indianer, Nordamerika)**

Ho! Sonne, Mond und Sterne, ihr alle,
die ihr am Himmel wandert,
ich bitte euch, hört auf mich!
In eure Mitte ist neues Leben gekommen.
Stimmt zu, ich flehe euch an!
Ebnet seinen Pfad, damit es den Rand des
ersten Hügels erreicht!
Ho! Ihr Winde, Wolken, Regen, Nebel,
die ihr alle in den Lüften wandert,
ich bitte euch, hört auf mich!
In eure Mitte ist neues Leben gekommen.
Stimmt zu, ich flehe euch an!
Ebnet seinen Pfad, damit es den Rand des
zweiten Hügels erreicht!
Ho! Ihr Hügel, Täler, Flüsse, Seen, Bäume, Gräser,
ihr alle auf der Erde,
ich bitte euch, hört auf mich!
In eure Mitte ist neues Leben gekommen.
Stimmt zu, ich flehe euch an!
Ebnet seinen Pfad, damit es den Rand des
dritten Hügels erreicht!
Ho! Ihr Vögel, groß und klein,
die ihr fliegt in der Luft!
Ho! Ihr Vierfüßler, groß und klein,
die ihr wohnt im Wald!
Ho! Du kleines Gewürm,
das da kriecht im Grase und gräbt im Grund,
ich bitte euch, hört auf mich!
In eure Mitte ist neues Leben gekommen.
Stimmt zu, ich flehe euch an!
Ebnet seinen Pfad, damit es den Saum des
vierten Hügels erreicht!

Ho! Ihr alle, im Himmel, in der Luft und auf Erden:
ich bitte euch alle, hört auf mich!
In eure Mitte ist neues Leben gekommen.
Stimmt zu, stimmt zu, ihr alle, ich flehe euch an!
Ebnet seinen Pfad, damit es ungehindert wandern mag
über die vier Hügel.

**Bitte um Annahme eines Kindes
(Omaha-Indianer)**

Unser Vater, höre uns,
und unser Großvater!
Ich erwähne euch alle:
die Sterne,
den gelben Tag,
den guten Wind,
das gute Holz,
die gute Erde.
Alle Tiere unter der Erde, hört mich!
Tiere über der Erde
und Wassertiere, hört mich!
Wir werden eure Nahrungsreste essen.
Lasst sie gut sein.
Lasst dadurch langen Atem und Leben sein.
Lasst die Zahl der Menschen zunehmen –
die Kinder aller Altersstufen,
die Knaben und Mädchen,
die Männer aller Alter
und die Frauen.
Die Nahrung wird uns stärken,
sooft die Sonne sich bewegt.
Höre uns, Vater, Großvater!
Wir bitten
um Denken, Herz, Liebe, Zufriedenheit.
Nun werden wir essen.

**8 Gebet vor der Mahlzeit
(Arapaho-Indianer, Nordamerika)**

Frühe Hochkulturen – Antike

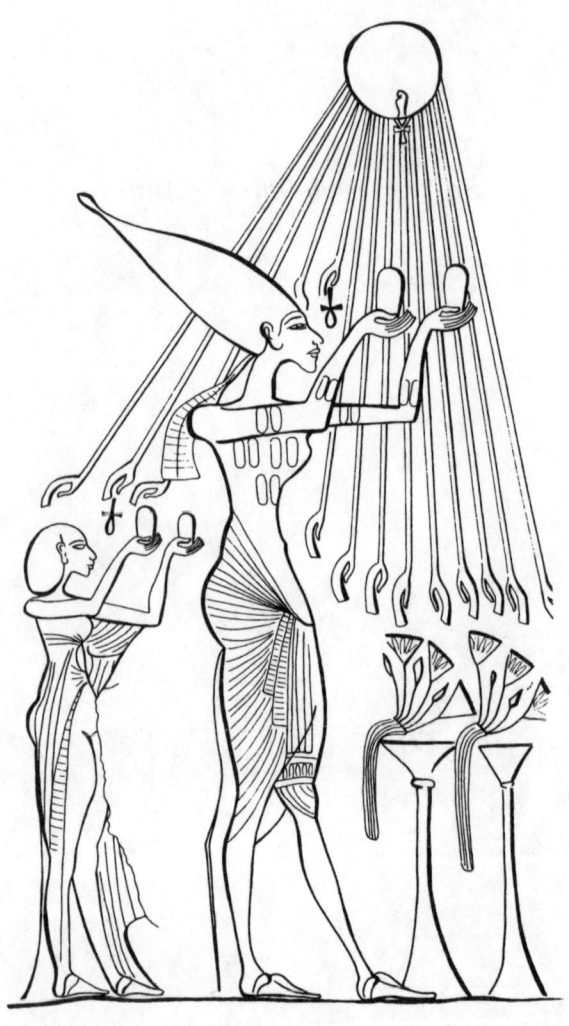

Pharao Echnaton verehrt den Sonnengott Aton

Schön erscheinst du,
du lebendige Sonne, Herr der unendlichen Dauer!
Du bist glänzend, du bist schön, du bist stark,
und die Liebe zu dir ist groß und gewaltig.
Deine Strahlen erhellen alle Gesichter,
und die Herzen belebt deine leuchtende Gestalt.
Mit der Liebe zu dir hast du die beiden Länder erfüllt.

Erhabener Gott, der sich selbst formte,
der jedes Land schuf und hervorbrachte, was in ihm ist,
alle Menschen, Herden und Wild,
alle Bäume, die auf der Erde wachsen –
sie leben, wenn du für sie aufgehst.

Mutter und Vater bist du für die, die du geschaffen hast.
Ihre Augen sehen durch dich, wenn du erscheinst.
Deine Strahlen haben das ganze Land erhellt,
und jedes Herz jauchzt bei deinem Anblick;
denn du bist als Herr erschienen.

Wenn du untergehst im Westen,
dann schlafen sie wie im Zustand des Todes;
ihre Köpfe sind verhüllt und ihre Nasen verstopft,
bis dein Aufgehen im Osten
am Morgen wieder geschieht.

Ihre Arme erheben sich zum Lobpreis deiner Schöpferkraft,
denn du belebst mit deiner Schönheit die Herzen.
Man lebt, da du deine Strahlen gibst.
Alles Land ist im Fest.

★

Du lässt den Samen sich entwickeln in den Frauen,
du machst «Wasser» zu Menschen,
den Sohn erhältst du am Leben im Leib seiner Mutter
und beruhigst ihn, so dass seine Tränen versiegen –
du Amme im Mutterleib!
Du spendest Atem,
um alle Geschöpfe am Leben zu erhalten.
Kommt das Kind aus dem Mutterleib heraus,
um zu atmen am Tag seiner Geburt,
dann öffnest du seinen Mund vollkommen
und sorgst für seine Bedürfnisse.

Das Küken im Ei, das schon in der Schale redet –
du gibst ihm Luft darinnen, um es zu beleben.
Du hast ihm seine Frist gesetzt,
die Schale zu zerbrechen;
es geht hervor aus dem Ei,
um zu sprechen zu seiner Frist,
es läuft schon auf den Füßen, wenn es herauskommt.

Wie zahlreich sind deine Werke,
die dem Auge verborgen sind,
du einziger Gott, dessengleichen nicht ist!
Du hast die Erde geschaffen nach deinem Wunsch,
ganz allein,
mit Menschen, Vieh und allem Getier,
mit allem, was auf der Erde ist,
was auf Füßen umherläuft,
und allem, was in der Höhe ist und mit Flügeln fliegt.

**9 Echnaton, Hymnen an den Sonnengott
(ca. 1350 v. Chr.)**

Wen gibt es, der nicht gegen seinen Gott gesündigt, wen,
der die Gebote stets befolgt hätte?
Die gesamte Menschheit, die da lebt, ist sündig.
Ich, dein Diener, habe jederlei Sünde begangen.
Wohl diente ich dir, doch in Unwahrheit.
Lügen sprach ich und achtete meine Sünden gering.
Unerhörtes sagte ich – du weißt es alles.
Ich verging mich gegen den Gott, der mich erschuf,
tat Abscheuliches, stets Sünde begehend.
Ich trachtete nach deinem weiten Besitz,
nach deinem kostbaren Silber gierte ich.
Ich hob die Hand auf und entweihte, was unantastbar war.
In unreinem Zustand trat ich in den Tempel.
Ständig verübte ich schändliche Entweihung an dir.
Deine Gebote übertrat ich zu deinem Missfallen.
In der Raserei meines Herzens lästerte ich deine Göttlichkeit.
Stets beging ich Schändlichkeiten, bewusste und unbewusste,
wandelte ganz nach meinem eigenen Sinn, verfiel in Frevel.
Genug, mein Gott! Lass dein Herz sich beruhigen ...
Sind meiner Übertretungen auch viele – löse meine Schuld!
Sind meiner Frevel auch sieben – lass dein Herz ruhig
werden!
Sind meine Sünden auch zahlreich – zeig Erbarmen und heile
mich!
Mein Gott, ich bin erschöpft, fass meine Hand!

10 Assyrisches Sündenbekenntnis

Muse, preise mir hell den erfindungsreichen Hephaistos,
der mit der eulenäugigen Pallas die Menschen auf Erden
glänzende Werke gelehrt! Vorzeiten lebten sie immer
ganz wie die Tiere dahin und hausten in Höhlen des Bergwalds;
jetzt verstehn sie jedoch durch den kunstberühmten Hephaistos,
Werke zu schaffen, und führen von Anfang bis Ende des Jahres
sorglos und sicher ihr Leben in ihren eigenen Häusern.
Sei uns gnädig, Hephaistos, und schenke uns Tatkraft und Segen!

Lieber Pan und ihr anderen Götter,
die ihr an diesem Orte wohnt!
Verleiht mir, in meinem Innern schön zu werden,
und dass alles, was ich von außen her habe,
dem Innern befreundet sei.
Als reich möge mir der Weise gelten,
und ich möchte gerade so viel Geld besitzen,
wie der Besonnene tragen und mit sich führen kann.

12 Platon (427–347 v. Chr.),
    Gebet des Sokrates

Höchster der Unsterblichen,
viele Namen nennen dich,
ewig allmächtiger Zeus,
dich, den Urquell alles Werdens,
der nach ewigen Gesetzen
herrscht im All, ich grüße dich, Zeus.
Ja, ich darf's. Es ist der Mensch
dir verwandt. Allein von allem,
was da lebt und kriecht auf Erden,
ist ein Abbild er des Alls:
wir sind deines Geschlechtes.
Und so will ich immerdar
preisen dich und deine Macht.
Dir gehorcht das Weltgebäude,
kreisend um den Erdball.
Willig wandelt's in den Bahnen,
die du weisest mit der Waffe
deiner Herrscherhand, dem spitzen,
leuchtenden, lodernden, nimmer erlöschenden,
ewig lebendigen Blitz.
Und das All gehorcht erschauernd,
wo des Blitzes Kraft es trifft. ...
Zeus, der du aus dunkler Wolke
herrschest mit dem Flammenblitze,
Geber alles Guten,
löse von des Irrtums Fluch die Menschen,
dass wir die Wahrheit erkennen,
deine Weisheit,
Vater, in der du das All
lenkest mit Gerechtigkeit.

**13 Kleanthes (331–230 v. Chr.),
Hymne an Zeus**

Vater Mars, dich bitte ich flehentlich:
Sei wohlwollend und geneigt mir, meinem Hause und unserer Hausgenossenschaft. Um ihretwillen habe ich um meine Feldflur, mein Land und mein Landgut herum Schwein, Schaf und Kalb herumführen lassen, auf dass du Seuchen, sichtbare und unsichtbare, Verwaisung und Verwüstung, Unheil und Unwetter fernhaltest, abwehrest und abwendest, und dass du Feldfrüchte, Getreide, Wein- und Obstgärten groß werden und gut gedeihen lassest, Hirten und Herden heil haltest und gutes Heil gebest und Gesundheit mir, meinem Haus und unserem Gesinde.

14 **Gebet des römischen Großbauern,**
aufgezeichnet von Cato (234–149 v. Chr.)

Gebet der Athener: «Lass es regnen,
lass es regnen, lieber Zeus,
auf die Felder der Athener und die Fluren!»
Entweder soll man gar nicht beten
oder auf diese Art, so schlicht und edelgesinnt.

15   Marc Aurel (121–180 n. Chr.),
     Philosoph und römischer Kaiser

Du, Heilige, stetige Retterin des Menschengeschlechts! Immerfort gewährst du den Menschen deine Hilfe, wendest deine süße Mutterliebe den armen Menschen zu, wenn sie in Unglück geraten. Es vergeht kein Tag und keine Nacht, nicht einmal ein kurzer Augenblick, ohne dass du Wohltaten spendest. Den Menschen bietest du Schutz zu Wasser und zu Land, wehrst ab die Stürme des Lebens, reichst ihnen die rettende Rechte, mit der du auch die Fäden des Schicksals, die unentwirrbar scheinen, wieder auflösest. Du milderst die Stürme der Fortuna und gebietest Einhalt dem schädlichen Gang der Sterne.

Dich verehren die Himmelsgötter, dir dienen die Unterweltlichen, du drehst das Himmelsrund, verleihst der Sonne das Licht, regierst das Weltall, der Tartarus liegt dir zu Füßen. Dein Licht werfen die Sterne zurück, dir gehorchen die Jahreszeiten, an dir haben die Götter Freude, dir dienen die Elemente. Durch deinen Willen wehen die Winde, nähren sich die Wolken, keimen die Samen, wachsen die Keime. Vor deiner Herrlichkeit erbeben die am Himmel fliegenden Vögel, die auf den Bergen umherschweifenden wilden Tiere, die auf dem Boden kriechenden Schlangen, die im Meer schwimmenden großen Fische.

Zu klein bin ich im Geist, um dir Dank zu erstatten, und zu schwach an Vermögen, um dir Opfer zu bringen. Auch fehlt mir die Fülle der Worte, um das zu sagen, was ich für deine gewaltige Größe empfinde.

Auch habe ich nicht tausend Münder und Zungen noch ewigen Redefluss. So will ich versuchen, das zu tun, was

ein frommer armer Mann kann: Ich werde dein göttliches
Antlitz und deine allerheiligste Gottheit auf ewig in der
geheimen Stille meiner Brust verwahren und hüten
und mir in Erinnerung rufen.

16 **Hymne an Isis**
   (ca. 180/190 n. Chr.)

Höre mich, reinste Göttin!
In hundert Namen gepriesenes Wesen,
die du den Kreißenden hilfst
und das Kindbett freundlich bewachst.
Retterin weiblicher Wesen,
einzige, milde Freundin der Kinder,
die die Geburten beschleunigt, im Leiden,
Prothyraia, der Sterblichen Trost.
Schlüsselgewaltige sprossenden Lebens,
allen Wesen gnädig geneigt.
Gast aller menschlichen Hütten,
innig erfreut vom bräutlichen Fest.
Gürtellöserin, Unsichtbare,
allen durch deine Werke bekannt;
mitleidvoll in den Nöten der Wehen,
freudig gestimmt von leichter Geburt –
Löserin der Not in schrecklichen Ängsten,
Eileithyia, nur dich allein
rufen die Kreißenden, Lindrung der Seelen,
denn in dir sind die Schmerzen
sanftem Vergessen geweiht.
Artemis Eileithyia,
reine Prothyraia,
Erhabene, höre uns an:
In Gnaden gib Rettung und schnelle Geburt,
immer doch warst du die Retterin aller!

17   Hymne an Artemis als Geburtshelferin
    (2. Jahrhundert n. Chr.)

Heilig ist Gott, der Vater aller Dinge.
Heilig ist Gott, dessen Wille von den eigenen Kräften erfüllt wird.
Heilig ist Gott, der erkannt werden will und von den Seinen erkannt wird.
Heilig bist du, der durch sein Wort alles erschaffen hat.
Heilig bist du, dessen Abbild die ganze Natur ist.
Heilig bist du, dem nicht die Natur seine Gestalt gegeben hat.
Heilig bist du, der stärker ist als jede Kraft.
Heilig bist du, der erhabener ist als alles Erhabene.
Heilig bist du, der größer ist als unsere Loblieder.
Nimm hin von Seele und Herz, die sich zu dir emporrecken,
die heiligen, geistigen Opfer,
du Unaussprechlicher, Unsagbarer,
der im Schweigen angerufen wird.

18 **Griechisches Gotteslob aus Ägypten (Spätantike)**

Wer hat die Gestalten der Sterne geschaffen? Wer hat ihren Weg erfunden? Wer war der Erzeuger der Früchte? Wer hat die Berge in die Höhe erhoben? Wer hat den Winden befohlen, ihr Werk nach den Jahreszeiten zu vollführen? Wer ist der Gott der Ewigkeit, der die Ewigkeit hervorbringt und in Ewigkeiten herrscht? Du, der EINE, unsterbliche Gott.
Du bist der Erzeuger von allem. Du teilst allen ihre Seelen zu und lenkst alles, König der Ewigkeiten und Herr. Du, vor dem die Berge und die Ebenen erzittern, die Wasser der Quellen und Flüsse, die Waldschluchten auf der Erde und die Winde – alles, was entstanden ist. Der hoch droben leuchtende Himmel und alle Meere fürchten dich, allmächtiger Herrscher, heiliger Gott, Herr über alles. Durch deine Kraft sind die Elemente und wächst alles – in der Luft und auf der Erde, im Wasser und im Hauch des Feuers.

19 **Griechisches Lob des Weltenlenkers
(Ägypten, 4. Jahrhundert n. Chr.)**

Israels Psalmen

Ephraim Moses Lilien, David als Harfenspieler

Behüte mich, Gott, denn ich flüchte zu dir.
Ich sage zum Herrn: «Mein Gott bist du,
mein ganzes Glück bist du allein.»

Über die «Heiligen», die im Lande sind, sage ich,
und über die «Herrlichen», die mir so gefielen:
«Wer einem anderen Gott nachläuft,
dessen Schmerzen mehren sich.
Nie mehr will ich ihnen Opferblut spenden,
und nie mehr nehm ich ihre Namen auf die Lippen.»

Herr, du bist mein Anteil und Becher,
du selbst hältst mein Los in der Hand.
Die Messschnur fiel mir auf liebliches Land:
ja, mein Erbe gefällt mir.

...

Ich stelle mir den Herrn beständig vor Augen;
er steht mir zur Rechten: ich werde nicht wanken!
Darum freut sich mein Herz, meine Seele ist fröhlich,
sorglos ruht auch mein Leib.

Aus der Tiefe rufe ich, Herr, zu dir,
höre, o Herr, meine Stimme,
lass deine Ohren achten auf mein lautes Flehn!
Wolltest du, Herr, die Sünden beachten,
Herr, wer könnte bestehn?
Doch bei dir ist Vergebung,
dass man in Ehrfurcht dir diene.
Ich hoffe auf den Herrn,
es hofft meine Seele,
ich harre auf sein Wort.
Mehr als den Morgen die Wächter
ersehnt meine Seele den Herrn.

Sei mir gnädig, o Gott, nach deiner Güte,
in der Fülle deines Erbarmens tilge meine Frevel.
Wasche die Schuld ganz von mir ab
und reinige mich von meiner Sünde.
Denn meine Frevel erkenne ich,
und meine Sünde steht mir immer vor Augen.
Gegen dich allein hab ich gesündigt,
ich habe getan, was vor dir böse ist. ...
Entsündige mich mit Ysop, so werde ich rein,
wasche mich, so werde ich weißer als Schnee.
Lass mich Jubel und Freude erfahren!
Frohlocken sollen die Glieder, die du zerschlagen.
Verbirg dein Angesicht vor meinen Sünden,
tilge all meine Schuld!
Ein reines Herz erschaff mir, o Gott,
den festen Geist erneuere in meinem Innern!
Verwirf mich nicht von deinem Angesicht,
und nimm mir nicht deinen heiligen Geist!
Aufs Neue schenke mir die Freude deines Heiles,
der Geist der Großmut stütze mich!
Dann will ich Frevler deine Wege lehren,
damit die Sünder sich zu dir bekehren.
Entreiss mich der Blutschuld,
o Gott, du Gott meines Heils,
dann wird meine Zunge über deine Gerechtigkeit jubeln.
Herr, öffne meine Lippen,
damit mein Mund dein Lob verkünde!

Mit lauter Stimme schrei ich zum Herrn,
laut flehe ich zum Herrn um Gnade.
Ich schütte vor ihm meine Klage aus,
tue ihm kund meine Drangsal.
Auch wenn mir mein Lebensmut schwindet,
du weißt um mein Ergehen.
Auf dem Weg, den ich gehen muss,
stellten sie mir eine Falle.
Blicke ich zur Rechten und schaue:
da ist niemand, der sich um mich kümmert.
Mir ist jede Zuflucht genommen,
niemand fragt nach meinem Leben.
Zu dir, o Herr, schreie ich,
ich sage: «Meine Zuflucht bist du,
mein Anteil im Lande der Lebenden.»
Vernimm doch mein lautes Flehen,
denn ich bin schwach und elend.
Entreiße mich meinen Verfolgern,
denn sie sind mir zu mächtig.
Führe mich heraus aus dem Kerker,
damit ich deinen Namen preise.
Um mich werden sich Gerechte scharen,
weil du dich meiner annimmst.

Ich erhebe meine Augen zu dir,
der du thronst im Himmel.
Siehe, wie die Augen der Knechte
auf die Hand ihrer Herren,
wie die Augen der Magd
auf die Hand ihrer Herrin,
so blicken unsere Augen auf den Herrn,
unsern Gott,
bis er uns gnädig ist.
Sei uns gnädig, o Herr, sei uns gnädig,
denn übersatt sind wir des Hohns!
Über und über satt ist unser Herz
von der Selbstsicheren Spott,
vom Hohn der Stolzen.

24   Psalm 123

Herr, unser Herrscher,
wie herrlich ist dein Name auf der ganzen Erde!
Deine Hoheit, weit über die Himmel hin, will ich besingen
mit der Kinder und Säuglinge Mund. ...
Schaue ich deinen Himmel, das Werk deiner Finger,
Mond und Sterne, die du befestigt hast:
Was ist der Mensch, dass du seiner gedenkst,
des Menschen Kind, dass du seiner dich annimmst?
Du hast ihn nur wenig geringer gemacht als Gott,
hast ihn gekrönt mit Herrlichkeit und Pracht.
Du hast ihn als Herrscher gesetzt über das Werk deiner Hände,
alles legtest du ihm unter die Füße:
die Schafe und Ziegen und Rinder,
und auch die Tiere des Feldes,
die Vögel des Himmels und die Fische im Meer,
und ihn, der dahinzieht die Pfade der Meere.
Herr, unser Herrscher,
wie herrlich ist dein Name auf der ganzen Erde!

Lobe den Herrn, meine Seele!
Herr, mein Gott, du bist gewaltig groß! ...
Du hüllst dich in Licht wie in einen Mantel,
du spannst den Himmel aus gleich einem Zelt ...
Du schickst Quellen aus in die Bäche,
zwischen den Bergen eilen sie hin.
Sie tränken alles Getier des Feldes,
die Wildesel löschen ihren Durst.
An ihnen nisten die Vögel des Himmels,
sie lassen ihren Ruf ertönen aus dem Gezweig.
Du tränkst die Berge aus deinen Kammern,
von der Frucht deiner Werke wird die Erde satt.
Du lässt Gras sprießen für das Vieh
und Pflanzen für den Ackerbau des Menschen,
damit er Brot gewinnt von der Erde
und Wein, der das Herz des Menschen erfreut;
damit er sein Antlitz glänzen macht mit Öl
und Brot das Herz des Menschen stärkt.
Es sättigen sich die Bäume des Herrn,
die Zedern des Libanon, die er gepflanzt hat.
Die Vögel bauen in ihnen ihr Nest,
auf ihren Wipfeln nistet der Storch.
Die hohen Berge gehören dem Steinbock,
dem Klippdachs bieten die Felsen Zuflucht.
Du hast den Mond gemacht als Maß für die Zeiten,
die Sonne, die ihren Untergang kennt.
Du bringst Dunkelheit, und es wird Nacht,
in ihr regt sich alles Getier des Waldes.
Die jungen Löwen brüllen nach Beute,
verlangen von Gott ihre Nahrung.
Geht die Sonne auf, kehren sie heim
und lagern sich in ihren Verstecken.
Der Mensch geht hinaus an sein Tagwerk,
an seine Arbeit bis zum Abend.

Wie zahlreich sind deine Werke, o Herr!
In Weisheit hast du sie alle geschaffen.
Die Erde ist voll von deinen Geschöpfen. ...
Auf dich warten sie alle,
dass du ihnen Speise gibst zur rechten Zeit.
Du gibst ihnen – sie sammeln ein,
du öffnest deine Hand – sie werden gesättigt mit Gutem.
Du verbirgst dein Antlitz – sie sind verstört,
du holst ihren Atem zurück – sie sterben hin und kehren
    zurück in den Staub.
Du sendest deinen Atem aus – sie werden erschaffen;
du erneuerst das Antlitz der Erde.

Herr, du erforschst und du kennst mich,
ob ich sitze oder stehe, du weißt es.
Meine Gedanken durchschaust du von ferne.
Ob ich gehe oder ruhe – du ermisst es,
du bist vertraut mit all meinen Wegen.
Mir kommt kein Wort auf die Zunge,
das du, o Herr, nicht schon wüsstest.
Von hinten und von vorne hältst du mich umfangen,
du legst deine Hand auf mich.
Zu wunderbar ist für mich solches Wissen,
zu hoch – ich kann es nicht erfassen.
Wohin soll ich gehen vor deinem Geist,
wohin vor deinem Antlitz fliehen?
Stieg ich empor zum Himmel – du bist dort,
und legte ich mich nieder in der Unterwelt – du bist zugegen.
Nähme ich der Morgenröte Flügel
und ließe mich nieder am Ende des Meeres –
auch dort führt mich deine Hand,
und deine Rechte hält mich.
Und sagte ich: «Die Finsternis soll mich verschlingen,
wie sonst das Licht soll mich die Nacht umgeben!» –
vor dir ist auch die Finsternis nicht finster:
die Nacht strahlt wie der Tag,
wie das Licht ist die Finsternis.
Du hast mein Innerstes gebildet,
du hast mich gewoben im Schoß meiner Mutter.
Ich danke dir, dass ich so staunenswert und wundersam
    gemacht bin.
Ja, das weiß ich: Wunderbar sind deine Werke!   ...
Deine Augen sahen, wie ich entstand,
in deinem Buch war schon alles verzeichnet.

27   Psalm 139

Herr, deine Liebe reicht bis zum Himmel,
deine Treue bis zu den Wolken.
Deine Gerechtigkeit steht wie die Berge Gottes,
wie die große Flut sind deine Entscheide.
Herr, du wirkst Heil für Menschen und Tiere.
Wie köstlich, o Gott, ist deine Liebe!
Die Menschen bergen sich im Schatten deiner Flügel.
Sie laben sich am Überfluss deines Hauses,
du tränkst sie mit dem Strom deiner Wonnen.
Denn bei dir ist die Quelle des Lebens,
Licht schauen wir in deinem Lichte.
Erhalte deine Liebe denen, die dich kennen,
und deine Gerechtigkeit den Menschen mit redlichem Herzen.

Der Herr ist mein Hirte,
mir wird nichts mangeln.
Er weidet mich auf einer grünen Aue
und führet mich zum frischen Wasser.
Er erquicket meine Seele.
Er führet mich auf rechter Straße
um seines Namens willen.
Und ob ich schon wanderte im finstern Tal,
fürchte ich kein Unglück;
denn du bist bei mir,
dein Stecken und Stab trösten mich.
Du bereitest vor mir einen Tisch
im Angesicht meiner Feinde.
Du salbest mein Haupt mit Öl
und schenkst mir voll ein.
Gutes und Barmherzigkeit
werden mir folgen mein Leben lang,
und ich werde bleiben im Hause des Herrn immerdar.

Judentum

Izak Goller, Hallel («Lobpreisen»)

Herr, Gott der Ewigkeit:
der alles erschuf und allem Leben gab,
der den Odem des Lebens seiner ganzen Schöpfung gewährte,
der das Unsichtbare ins Licht rückte,
der alles, was ist und sich zeigt,
aus dem, was sich nicht zeigt und nicht ist, erschuf ...
Zu dir nehme ich Zuflucht, Herr,
zu dir will ich schreien, Herr,
vor dir will ich meine Bitte ausschütten,
dir will ich meine Sünden bekennen.
Verschone mich, Herr!
Ich habe viele Sünden begangen,
gegen das Gesetz verstoßen,
es verunehrt und gesagt, was schlimm ist vor dir. ...
So bin ich nicht wert, meinen Mund vor dir zu öffnen. ...
Wie ein kleines Kind, das sich fürchtet,
zu seinem Vater flieht,
und der Vater es mit offenen Armen empfängt
und an seine Brust drückt,
und das Kind, die Hände um seinen Hals schlingend,
aufatmet und, von Furcht befreit,
an seiner Brust ruht, während der Vater lächelt ... –
so, Herr, strecke aus deine Hände wie ein kinderlieber Vater
und hebe mich auf von der Erde! ...
Du, Herr, bist ein milder, guter und sanftmütiger Vater.
Welcher Vater ist so milde wie du, Herr,
welcher erbarmt sich so schnell wie du, Herr,
welcher ist so langmütig mit uns Sündern wie du, Herr?

30 Gebet der Asenet

Wende dich, Herr, mein Gott, dem Beten und Flehen deines Knechtes zu! Höre auf das Rufen und das Gebet, das dein Knecht heute verrichtet! Halte deine Augen offen über diesem Haus bei Nacht und bei Tag, über der Stätte, von der du gesagt hast, dass dein Name hier wohnen soll! Achte auf das Flehen deines Knechtes und deines Volkes Israel, wenn sie an dieser Stätte beten! Höre sie im Himmel, dem Ort, wo du wohnst! Höre sie, und verzeih!

Wenn sich jemand gegen seinen Nächsten verfehlt und dieser ihm einen Eid abverlangt, den er schwören muss, und er dann kommt und vor deinem Altar in diesem Haus schwört, so höre du es im Himmel und greif ein! Verschaff deinen Knechten Recht; verurteile den Schuldigen und lass sein Tun auf ihn zurückfallen! Den Schuldlosen aber sprich frei, und vergilt ihm, wie es seiner Gerechtigkeit entspricht. ...

Wenn der Himmel verschlossen ist und kein Regen fällt, weil sie gegen dich gesündigt haben, und wenn sie dann an diesem Ort beten, deinen Namen preisen und von ihrer Sünde lassen, weil du sie demütigst, so höre du sie im Himmel! Vergib deinen Knechten und deinem Volk Israel ihre Sünden; denn du führst sie den guten Weg, den sie gehen sollen. Spende Regen deinem Land, das du deinem Volk zum Erbbesitz gegeben hast! ...

Auch Fremde, die nicht zu deinem Volk gehören, werden wegen deines Namens aus fernen Ländern kommen; denn sie werden von deinem großen Namen, deiner starken Hand und deinem hoch erhobenen Arm hören. Sie werden kommen und in diesem Haus beten. Höre sie dann im Himmel, dem Ort, wo du wohnst, und tu alles, weswegen der Fremde zu dir ruft! ...

Wenn dein Volk auf dem Weg, den du es führst, gegen seine Feinde in den Krieg zieht und wenn es dann zu dir betet, zur Stadt hingewendet, die du erwählt hast, und zu deinem Haus hin, das ich in deinem Namen gebaut habe, so höre du im Himmel sein Beten und Flehen, und verschaff ihm Recht!

31 **König Salomo, Gebet zur Tempelweihe**

Mein Gott! Bevor ich erschaffen wurde, war ich ein Nichts. Jetzt, da ich erschaffen bin, ist es, als ob ich nicht erschaffen wurde. Staub bin ich während meines Lebens, um wie viel mehr nach meinem Tode. Siehe, ich bin vor dir wie ein Gefäß voll Schmach und Scham. Möge es dein Wille sein, Herr, mein Gott und Gott meiner Väter, dass ich nicht mehr sündige. Und die Sünden, die ich vor dir bereits begangen habe, tilge aus in deiner großen Barmherzigkeit, jedoch nicht durch Züchtigungen und böse Leiden.

32 Raba bar Josef (ca. 350 n. Chr.),
Bitte um Vergebung der Sünden

Ich such dich in der Frühe,
mein Schutz und meine Zuflucht.
Am Morgen und am Abend,
mein Gott, bet ich zu dir.

Vor deiner Größe steh ich,
ich stehe voller Furcht,
denn alles was ich denke,
ist dir, mein Gott, bekannt.

Die Zunge, der Verstand,
was können sie vollbringen?
Was ist schon meine Kraft?
Mein Geist in meinem Innern?

Des Menschen Lied gefällt dir;
ich danke dir dafür,
solang ich Leben habe,
das du mir schenkst, o Gott.

Salomo Ibn Gabirol
(1021–1056)

Zu dir steht all mein Sehnen,
wenn auch die Lippe schweigt:
Nur einmal möcht ich werben
um deine Gunst – und sterben,
wenn sie sich mir gezeigt.

Nimm meinen Geist zu Händen –
ich schliefe fröhlich ein!
Ach, ohne dich mein Leben
ist Tod, doch du kannst geben:
mein Tod wird Leben sein!

Nur weiß ich nicht zu beten,
wie ich wohl beten soll:
Lehr mich, wie man dich findet!
Wenn mich die Torheit bindet,
erlös mich gnadenvoll! ...

Was bleibt mir noch im Leben
als deine Gunst allein?
Willst du mein Teil nicht bleiben,
was soll ich hier noch treiben?
Wo wird mein Teil dann sein?

Ich hab nicht gute Werke,
ganz nackt und bloß ich bin.
Nur dein gerechter Willen
kann wie ein Mantel hüllen
den makelvollen Sinn.

Was soll ich noch erbitten,
von dir, mein einz'ger Hort?
Was soll ich noch erwähnen?
Zu dir steht all mein Sehnen –
das ist mein letztes Wort.

Jehuda Halevi
(1085–1145)

Gepriesen seist du, Ewiger, unser Gott, König der Welt.
Du lässt die Erde Brot hervorbringen.

*

Gepriesen seist du, Ewiger, unser Gott, König der Welt.
Du hast die Frucht des Weinstocks geschaffen.

*

Gepriesen seist du, Ewiger, unser Gott, König der Welt.
Du ernährst die ganze Welt in Güte und Gnade,
in Freundlichkeit und Erbarmen. Du gibst allen Lebewesen
Nahrung, denn deine Gnade hat kein Ende. Durch deine
große Güte und durch die Größe deines Ruhms haben wir
niemals Mangel erlitten.
Lass uns niemals Mangel erleiden! Denn du ernährst und
versorgst alle, du erweist allen Gutes und mit Nahrung
versorgst du alle Geschöpfe, die du geschaffen hast.
Gepriesen seist du, Ewiger.
Du ernährst alle.

Gepriesen seist du, Ewiger, unser Gott, König der Welt.
Du hast uns durch deine Gebote geheiligt und uns
aufgetragen, das Sabbatlicht anzuzünden.

Allmächtiger Gott, Licht der Welt,
segne uns mit deinem vollkommenen Segen.
Habe Gefallen an uns
und lass in unseren Augen das Licht deiner Wahrheit strahlen,
so wie das Licht dieser Sabbatkerzen jetzt vor uns leuchtet.
Lass den Geist der Wahrheit und der Liebe
in unseren Häusern wohnen.
Das Licht deiner Gegenwart
erhelle unseren Lebensweg,
denn in deinem Lichte sehen wir das Licht.
Dein Segen komme auch über jede Familie in Israel
und über die ganze Welt.

36   Gebet am Beginn des Sabbats

Seid mir gegrüßt, Engel des Dienstes,
des Höchsten aller Herrschenden.
Gesandte Gottes, der überall regiert
und dessen Heiligkeit man lobt.

Kehrt ein zum Frieden, Engel des Friedens,
des Höchsten aller Herrschenden.
Gesandte Gottes, der überall regiert
und dessen Heiligkeit man lobt.

Schenkt mir den Frieden, Engel des Friedens,
des Höchsten aller Herrschenden.
Gesandte Gottes, der überall regiert
und dessen Heiligkeit man lobt.

Zieht aus im Frieden, Engel des Friedens,
des Höchsten aller Herrschenden.
Gesandte Gottes, der überall regiert
und dessen Heiligkeit man lobt.

Gepriesen seist du, Ewiger, unser Gott, König der Welt. Du lässt es durch dein Wort Abend werden, du führst die Dämmerung herbei und lässt voll Einsicht die Augenblicke verstreichen und die Zeit voranschreiten. Nach deinem Wohlgefallen erscheinen am Himmel die Sterne in ihren Sternbildern. Schöpfer von Tag und Nacht, du lässt das Licht vor der Finsternis weichen und die Finsternis vor dem Licht. Du lässt den Tag vorübergehen und führst die Nacht herbei. Du trennst den Tag von der Nacht. Herr der Heerscharen – das ist dein Name. Gepriesen seist du, Ewiger. Du lässt es Abend werden.

Als Herr der Welt hast du geschaltet,
eh' noch ein Wesen war gestaltet,
und als durch dich das All erstand,
dein Name König ward genannt.

Sollt' auch das Weltall einst vergehn,
du, Hocherhabner, wirst bestehn.
Du warst, du bist und du wirst sein
in Herrlichkeit, du ganz allein.

Denn einzig bist du – zugesellt
ist dir kein Zweiter in der Welt.
Du bist ohn' Anfang, endest nicht,
dein ist das Reich, das Weltgericht.

Du bist mein Gott und mein Erretter,
mein Fels in Not, in Sturm und Wetter.
Du, mein Panier, bist Zuflucht mir,
mein Kelch des Heils, ruf ich zu dir.

In deine Hand ich fromm befehle,
ob schlaf', ob wach' ich, meine Seele.
Ja, Geist und Leib vertrau ich dir,
ich fürchte nicht, Gott ist mit mir.

Verherrlicht und geheiligt werde Gottes
großer Name in der Welt, die Gott
nach eig'nem Ratschluss schuf.
Gottes Reich erstehe in eurem Leben und
zu euren Zeiten
und im Leben ganz Israels schnell und bald.
Darauf sprecht: Amen.

Gottes großer Name sei gepriesen, immerzu
und bis in Ewigkeit!

Gottes Name sei gepriesen und gelobt,
Gottes Name sei verherrlicht und erhoben.
Gottes Name sei verehrt und gerühmt,
Gottes Name sei gefeiert und besungen.
Gepriesen sei er über allem Lob und jedem Lied,
hoch über allem Preis und jedem Trost der Welt.
Darauf sprecht: Amen.

40   Kaddisch

Mein Gott! Bewahre meine Zunge vor Bösem, meine Lippen vor trügerischer Rede. Lass meine Seele schweigen, wenn mich jemand verflucht, und lass meine Seele wie Staub gegen jedermann sein. Öffne mein Herz für deine Lehre, lass meine Seele deinen Geboten nachjagen. Bewahre mich vor einem bösen Ereignis, vor dem bösen Trieb, vor einer bösen Frau und vor allem Übel, das sich danach drängt, in die Welt zu kommen. Den Plan derer, die Böses wider mich sinnen, vereitle schnell, und verhindere ihre Anschläge. Mögen meine Worte und die Gedanken meines Herzens dein Wohlgefallen finden, Herr, mein Fels und Erlöser.

41 **Mar bar Rabina**
(Spätantike)

Allgütiger! ... Mich hat deine ewige Vorsehung erkoren, über Leben und Gesundheit deiner Geschöpfe zu wachen. ... Lass Liebe zur [ärztlichen] Kunst mich ganz beseelen! Lass nicht zu, dass Streben nach Gewinn, Ruhm oder Ansehen sich in meine Tätigkeit mischen, denn diese sind der Wahrheit und der Menschenliebe feind, und sie könnten mich irreleiten bei dem großen Beruf, deinen Geschöpfen wohl zu tun. Erhalte die Kräfte meines Körpers und meiner Seele, dass sie unverdrossen immerdar bereit seien für den Reichen und den Armen, den Guten und den Bösen, den Freund und den Feind. Lass mich im Leidenden stets nur den Menschen sehen! ...

Lass nie den Gedanken in mir erwachen, ich hätte des Wissens genug; sondern verleihe mir Kraft, Muße und Antrieb, meine Kenntnisse immerdar zu berichtigen und neue mir zu erwerben. ... In meinem gestrigen Wissen entdeckt mein Verstand heute der Irrtümer viele, und mein heutiges Wissen findet er wohl morgen voller Fehl! Allgütiger, du hast mich erkoren, über Leben und Tod deiner Geschöpfe zu wachen. Ich schicke mich nun an zu meinem Berufe. Stehe mir bei in diesem großen Geschäft, dass es gelinge, denn ohne deinen Beistand gelingt dem Menschen ja auch das Kleinste nicht!

42 Marcus Herz (1747–1803),
    Morgengebet des Arztes (1781)

Es schneien weiße Rosen auf die Erde,
Warmer Schnee schmückt milde unsre Welt;
Die weiß es, ob ich wieder lieben werde,
Wenn Frühling sonnenseiden niederfällt.

Zwischen Winternächten liegen meine Träume
Aufbewahrt im Mond, der mich betreut –
Und mir gut ist, wenn ich hier versäume
Dieses Leben, das mich nur verstreut.

Ich suchte Gott auf innerlichsten Wegen
Und kräuselte die Lippe nie zum Spott.
In meinem Herzen fällt ein Tränenregen.
Wie soll ich dich erkennen, lieber Gott –

Da ich dein Kind bin, schäme ich mich nicht
Dir ganz mein Herz vertrauend zu entfalten.
Schenk mir ein Lichtchen von dem ewigen Licht! –
Zwei Hände, die mich lieben, sollen es mir halten.

So dunkel ist es fern von deinem Reich –
O Gott, wie kann ich weiter hier bestehen.
Ich weiß, du formtest Menschen, hart und weich
Und weintetest gotteigen, wolltest du wie Menschen sehen.

Mein Angesicht barg ich so oft in deinem Schoß
Ganz unverhüllt: du möchtest es erkennen.
Ich und die Erde wurden wie zwei Spielgefährten groß
Und dürfen «du» dich beide, Gott der Welten, nennen.

So trübe aber scheint mir gerade heut die Zeit
Von meines Herzens Warte aus gesehen;
Es trägt die Spuren einer Meereseinsamkeit
Und aller Stürme sterbendes Verwehen.

*

Gott, ich liebe dich in deinem Rosenkleide,
Wenn du aus deinen Gärten trittst, Zebaoth.
O, du Gottjüngling,
Du Dichter,
Ich trinke einsam von deinen Düften.

Meine erste Blüte Blut sehnt sich nach dir,
So komme doch,
Du süßer Gott,
Du Gespiele Gott,
Deines Tores Gold schmilzt an meiner Sehnsucht.

Christentum

Ernst Barlach, Lesender Klosterschüler

Vater unser im Himmel,
geheiligt werde dein Name.
Dein Reich komme.
Dein Wille geschehe, wie im Himmel, so auf Erden.
Unser tägliches Brot gib uns heute.
Und vergib uns unsere Schuld,
wie auch wir vergeben unseren Schuldigern.
Und führe uns nicht in Versuchung,
sondern erlöse uns von dem Bösen.

Denn Dein ist das Reich und die Kraft und die Herrlichkeit
in Ewigkeit. Amen.

44 Das Vaterunser

Unter deinen Schutz und Schirm fliehen wir,
heilige Gottesmutter.
Verschmähe nicht unser Gebet in unseren Nöten,
sondern errette uns allezeit aus allen Gefahren,
du glorreiche und gebenedeite Jungfrau.

45 **Mariengebet**
   (3./4. Jahrhundert)

Nur dich allein liebe ich, dir allein folge ich, dich allein suche ich. Dir allein bin ich zu dienen bereit, weil du gerechte Herrschaft übst; unter deiner Herrschaft möchte ich stehen. So bitte ich: Trage mir auf, was immer du willst, doch heile und öffne meine Ohren, auf dass ich deine Worte höre! Heile und öffne meine Augen, auf dass ich deine Winke sehe.
Vertreibe aus mir die Verblendung, auf dass ich dich wieder erkenne. Sag mir, wohin ich schauen muss, damit ich dich erblicke. So hoffe ich, alles, was du befiehlst, ausführen zu können.
So bitte ich: Herr und gütiger Vater, nimm deinen entlaufenen Knecht bei dir wieder auf! ... Möge mir, der ich jetzt anklopfe, deine Pforte offen stehen! ...
Wer bei dir Zuflucht sucht, der findet dich im Glauben; schenke mir Glauben!

**46 Augustinus (354–430),
     entstanden 386**

Bevor des Tages Licht vergeht,
hör, Welterschaffer, dies Gebet:
Der du so milde und so gut,
nimm gnädig uns in deine Hut.

Gib, dass kein böser Traum uns weckt,
kein nächtlich Wahnbild uns erschreckt.
Die Macht des Feindes dämme ein,
dass unser Leib stets bleibe rein.

Erhör uns Vater, der du mild
mit deinem Sohn und Ebenbild
und mit dem Tröster aller Zeit,
dem Geist, regierst in Ewigkeit.

47 Liturgisches Abendgebet
    (5./6. Jahrhundert)

Komm, Heil'ger Geist, kehr bei uns ein,
besuch das Herz der Kinder dein,
erfüll uns all mit deiner Gnad,
die deine Macht erschaffen hat.

Der du der Tröster wirst genannt,
vom höchsten Gott ein Gnadenpfand,
ein Lebensbronn, Licht, Lieb und Gut,
der Seele Salbung, höchstes Gut.

O Schatz, der siebenfältig ziert,
o Finger Gottes, der uns führt,
Geschenk, vom Vater zugesagt,
du, der die Zungen reden macht.

Entzünd in uns des Lichtes Schein,
gieß Lieb in unsre Herzen ein,
stärk unsers Leibs Gebrechlichkeit
mit deiner Gnad zu jeder Zeit.

Treib weit von uns des Feinds Gewalt,
in deinem Frieden uns erhalt,
dass wir, geführt von deinem Licht,
in Sünd und Leid verfallen nicht.

48   Hrabanus Maurus
   (783–856)

Sei gegrüßt, o Königin,
Mutter der Barmherzigkeit!
Unser Leben, unsre Wonne
und unsre Hoffnung, sei gegrüßt!
Zu dir rufen wir verbannte Kinder Evas.
Zu dir seufzen wir trauernd und weinend
in diesem Tal der Tränen.
Wohlan denn, unsere Fürsprecherin,
wende deine barmherzigen Augen uns zu,
und nach diesem Elend zeige uns Jesus,
die gebenedeite Frucht deines Leibes!
O gütige, o milde, o süße Jungfrau Maria.

49 «Salve Regina»
   (11. Jahrhundert)

Gepriesen seist du, mein Herr,
mit deinem ganzen Hofstaat,
vornehmlich mit dem edlen Herrn Bruder Sonne,
der uns den Tag schenkt durch sein Licht.
Schön ist er und strahlend in großem Glanze –
dein Sinnbild, Höchster!
Gepriesen seist du, mein Herr,
für die Schwester Mond und für die Sterne.
Am Himmel schufst du sie – leuchtend und kostbar und
    schön.

Gepriesen seist du, mein Herr, für den Bruder Wind
und für Luft, Wolken und jegliches Wetter,
durch das du deinen Geschöpfen Gedeihen gibst.
Gepriesen seist du, mein Herr, für die Schwester Wasser.
Gar nützlich ist sie und demütig und köstlich und keusch.
Gepriesen seist du, mein Herr, für den Bruder Feuer,
durch den du die Nacht uns erleuchtest.
Schön ist er und fröhlich und gewaltig und stark.
Gepriesen seist du, mein Herr, für unsere Schwester Mutter
    Erde,
die uns ernährt und erhält,
vielfältige Frucht uns trägt und bunte Blumen und Kräuter.

Gepriesen seist du, mein Herr, für jene, die aus Liebe zu dir
    vergeben
und Not und Trübsal erleiden.
Selig, die solches in Frieden erdulden –
du, Höchster, wirst sie einst krönen.
Gepriesen seist du, mein Herr, für unsere Schwester,
    den leiblichen Tod.

Kein Mensch kann ihr lebendig entrinnen.
Weh denen, die in Todsünden sterben,
doch selig, die sie findet in deinem heiligen Willen –
der zweite Tod tut ihnen kein Leid.

Lob, Preis und Dank meinem Herrn!
Dient ihm in tiefer Demut!

50 **Franziskus von Assisi (1181–1226),**
    Sonnengesang (1225)

Deinem Heiland, deinem Lehrer,
deinem Hirten und Ernährer,
Sion, stimm ein Loblied an!

Preis nach Kräften seine Würde,
da kein Lobspruch, keine Zierde
seinem Ruhm genügen kann. ...

Guter Hirt, du wahre Speise,
Jesus, gnädig dich erweise!
Nähre uns auf deinen Auen,
lass uns deine Wonnen schauen
in des Lebens ewigem Reich!

Du, der alles weiß und leitet,
uns im Tal des Todes weidet,
lass an deinem Tisch uns weilen,
deine Herrlichkeit uns teilen.
Deinen Heil'gen mach uns gleich.

**51 Thomas von Aquin (1225–1274),
    entstanden 1262**

Heiliger Engel Gabriel, wende dich zu mir!
Meiner Sehnsucht Botschaft vertrau ich dir.
Sag meinem lieben Herrn Jesus Christ,
wie liebeskrank meine Seele ist.
Soll ich nicht vollends zugrunde gehn,
soll er selbst als Arzt mir beistehn.
Du kannst es ihm getreulich sagen,
die Wunden, die er mir geschlagen,
kann ich länger nicht ertragen
ohne Salben, unverbunden –
denn zum Tode führen seine Wunden.
Lässt er mich so weiterleben,
kann ich nie mehr mich erheben.
Wenn alle Berge Wundsalbe wären
und alle Wasser gesunder Trank,
Blumen und Bäume ein heilendes Wundenband,
sie könnten mir keine Heilung gewähren,
er muss sich selbst in meine Wunden legen.
Heiliger Erzengel Gabriel, wende dich zu mir!
Diese Liebesbotschaft empfehle ich dir.

Mechthild von Magdeburg
(1207–1282)

Herr Jesus Christus, dessen hellstrahlendes
Angesicht über allen Dingen leuchtet,
schaue auf mich, deinen demütigen Diener,
und sieh meine Bedrängnis und meine Mühsal.
Um der Würde deines Angesichts willen
befreie mich aus allen meinen Ängsten,
wie du es für richtig hältst und weißt,
dass es mir nützt.

**53 Zisterzienserinnenkloster St. Thomas/Eifel,
Bitte um Befreiung von Angst (um 1300)**

Mein Herr und mein Gott,
nimm alles von mir, was mich hindert zu dir!
Mein Herr und mein Gott,
gib alles mir, was mich fördert zu dir!
Mein Herr und mein Gott,
nimm mich mir und gib mich ganz zu Eigen dir!

Nikolaus von Flüe
(Bruder Klaus, 1417–1487)

Allmächtiger Gott, nimm von mir allen eitlen Sinn, alles Streben nach Lob, allen Neid, alles Begehren, jede Unersättlichkeit, Trägheit und Wollust, alle Neigung zum Zorn, alle Rachsucht, alle Schadenfreude, alle Lust daran, andere zum Zorn und Ärger zu reizen, alle Lust daran, andere in Bedrängnis und Not zu tadeln und zu verletzen.

So gib mir, guter Gott, einen demütigen, bescheidenen, ruhigen, friedlichen, geduldigen, barmherzigen, gütigen, zarten und zu Mitleid fähigen Sinn, kurz, alle Schattierungen der Nächstenliebe – in allen meinen Worten, in allen meinen Werken, in allen meinen Gedanken, als Vorgeschmack deines heiligen, gesegneten Geistes.

55 Thomas Morus (1478–1535), entstanden 1535

Herr, ich weiß niemand weder im Himmel noch auf Erden, zu welchem ich eine tröstliche Zuflucht haben kann – außer zu dir durch Christus. Ich muss mich nackt ausziehen, ablegen alle guten Werke und Verdienste. Herr, ich habe keine Zuflucht als zu deinem göttlichen Schoß, wo dein Sohn sitzt. Wenn ich diese Hoffnung [auf Annahme durch dich] nicht habe, dann ist alles verloren.

*

Herr Jesus Christus, an dich glaube ich allein. Hilf mir!

*

Gelobt seist du, barmherziger Gott, ich danke dir für deine Güter und Gaben, du bist ja ein gerechter, treuer Gott und milder Vater.

*

Lieber Gott, sieh her, nimm hin mein Herz und führe mich nach deinem Willen. Ich überlasse mich dir ganz.

*

Ach Herr, gib mir ein friedliches, freundliches, sanftes Herz gegen jedermann. Und reinige mich um Christi willen von allen Sünden.

*

Lieber Gott, lass heute deinen heiligen Engel bei mir sein, mich regieren und führen, beschützen und belehren wider den Teufel.

Martin Luther
(1483–1546)

Dein bin ich, dir geboren –
was wünschst du, Herr, von mir? ...

Gib, wenn du willst, Gebetes Kraft,
wenn nicht, gib Trockenheit.
Gib Frömmigkeit, die Andacht schafft,
wenn nicht, Vergeblichkeit.
O Majestät, in dir allein
kann mir auf Erden Frieden sein.
Was wünschst du, Herr, von mir?

Nichtwissen oder Weisheit schenk
um deiner Liebe willen.
Im Überfluss ich dein gedenk,
im Hunger, nicht zu stillen.
Schick Finsternis, schick helles Licht,
wenn nur dein Wille in mir spricht.
Was wünschst du, Herr, von mir?

57   Teresa von Avila
    (1515–1582)

Der heutige Tag wurde dir gegeben, damit du an ihm den Himmel gewinnst. Nimm dir fest vor, den Tag dafür gut zu nutzen. Überlege, welche Möglichkeiten und Gelegenheiten, Gott zu dienen, sich an diesem Tage bieten, welche Versuchungen, ihn durch Zorn, Eitelkeit oder andere Verfehlungen zu beleidigen, wohl kommen können. Bereite dich durch einen heiligen Entschluss vor, Gott heute gut zu dienen und in der Frömmigkeit vorwärts zu schreiten. ... Übereigne dein Herz mit all seinen guten Entschlüssen der göttlichen Majestät. Bitte sie, es unter ihren Schutz zu nehmen. Sprich folgendes oder ein ähnliches Gebet in deinem Herzen:

«Herr, blicke auf mein armes und elendes Herz! In deiner Güte hast du in ihm viele gute Gedanken und Gefühle erweckt. Doch ohne deinen himmlischen Segen ist es zu schwach und zu armselig, das Gute zu vollbringen, das es zu tun bestrebt ist. In Anbetracht der Verdienste, die dein Sohn Jesus Christus durch sein Leiden erwarb, bitte ich dich, guter Vater, um deinen Segen. Der Ehre deines Sohnes will ich diesen Tag und von nun an mein ganzes Leben weihen.»

Franz von Sales (1567–1622),
Einführung in das fromme Leben (1608)

Führe mich, o Herr, und leite
meinen Gang nach deinem Wort;
sei und bleibe du auch heute
mein Beschützer und mein Hort.
Nirgends als von dir allein
kann ich recht bewahret sein.

Meinen Leib und meine Seele
samt den Sinnen und Verstand,
großer Gott, ich dir befehle
unter deine starke Hand.
Herr, mein' Ehre und mein Ruhm,
nimm mich auf, dein Eigentum!

Deinen Engel zu mir sende,
der des bösen Feindes Macht,
List und Anschlag von mir wende,
und mich halt in guter Acht.
Der auch endlich mich zur Ruh'
trage nach dem Himmel zu!

**59   Heinrich Albert (1604–1651),
       Morgenlied (1642)**

Bewirke, mein Gott, dass ich in völligem Gleichmut des Geistes annehme, was immer geschehen mag, wissen wir doch nicht, worum wir bitten sollen. Nichts kann ich wünschen ohne Anmaßung, ohne mich zum Richter aufzuwerfen und ohne mich für jene Folgen verantwortlich zu machen, die deine Weisheit mir verbergen will. Herr, ich weiß, dass ich nur eines weiß: dass es gut ist, dir zu folgen, und schlecht ist, dich zu beleidigen. Sonst weiß ich nicht, was schlechter oder besser ist, ob Gesundheit oder Krankheit mir dienlicher ist, Reichtum oder Armut oder sonst etwas auf Erden. Das zu unterscheiden übersteigt die Kraft von Menschen und Engeln, und das ist verborgen im Geheimnis deiner Vorsehung, die ich verehre und nicht ergründen will.

Bewirke also, o Herr, dass ich mich in jeglichem Zustand deinem Willen füge. Und dass ich, krank wie ich bin, dich in meinem Leiden rühme.

Blaise Pascal (1623–1662),
Gebet in der Krankheit

Herr, ich weiß nicht, worum ich bitten soll. Du allein weißt, was uns fehlt. Du liebst mich mehr als ich mich selbst lieben kann. O Vater: Das, worum dein Kind nicht bitten kann, das gewähre ihm. Ich wage es nicht, um Leid oder Trost zu bitten; stattdessen will ich mich dir ganz hingeben, dir mein Herz schenken. Du kennst meine Bedürfnisse, die ich nicht kenne, und so tue nach deiner Barmherzigkeit. Verwunde oder heile, erniedrige oder erhöhe mich – ich verehre deinen Willen, ohne ihn zu kennen. Ich schweige still, ich opfere mich, ich gebe mich preis. Niemals will ich einen anderen Wunsch haben als diesen: deinen Willen zu erfüllen. Lehre mich beten, und bete du selbst in mir.

*

Du weißt es besser als ich selbst, mein Gott, mein Vater, mein alles, wie sehr ich dich liebe. Du weißt es, und ich weiß es nicht, denn nichts ist mir mehr verborgen als der Grund meines eigenen Herzens. Ich möchte dich lieben. Ich fürchte, es nicht genügend zu tun, und so bitte ich um die Fülle reiner Liebe. Du siehst mein Begehren, das du selbst in mich, dein eigenes Geschöpf, gelegt hast. O Gott, deine eigene Liebe regt mich an, dich grenzenlos zu lieben. Achte nicht auf den Strom der Sünde, der mich von dir fortriss, vielmehr blicke in deiner Barmherzigkeit auf meine Liebe.

*

Gott, du bist der Herr der ganzen Natur; alles gehorcht deiner Stimme. Du bist die Seele von allem, was lebt, und selbst von dem, was nicht lebt. Du bist meine Seele in noch größerem Maße als jene Seele, die du mir verliehen hast. Du bist mir näher als ich mir selbst. Alles ist dein – gehört dir nicht auch mein Herz, das du erschaffen hast, das durch dich lebt? Es gehört dir, nicht mir selbst! Aber, mein Gott, du gehörst auch mir, denn ich liebe dich.
Du bist für mich alles; ich habe kein anderes Gut, o du mein Anteil auf ewig! Mich verlangt nicht nach göttlichem Trost in diesem Leben, nach innerem Spüren göttlicher Nähe, nach außerordentlicher Erleuchtung; um keine dieser Gaben, die von dir kommen, bitte ich, denn keine von ihnen bist du selbst. Nach dir selbst, nach dir allein, verlangt mich, nach dir hungert und dürstet mich. Ich vergesse mich, ich verliere mich; tu mit mir, was immer du willst; ganz gleich, was es ist – dich liebe ich.

61   Fénelon
     (1651–1715)

Komm, Herr Jesus, sei unser Gast
und segne, was du uns bescheret hast.

*Nikolaus Ludwig von Zinzendorf (1700–1760),
entstanden 1753*

★

Vater, segne diese Speise,
uns zur Kraft und dir zum Preise.

volkstümlich

Der Mond ist aufgegangen,
die goldnen Sternlein prangen
am Himmel hell und klar.
Der Wald steht schwarz und schweiget,
und aus den Wiesen steiget
der weiße Nebel wunderbar.

Wie ist die Welt so stille
und in der Dämmrung Hülle
so traulich und so hold!
Als eine stille Kammer,
wo ihr des Tages Jammer
verschlafen und vergessen sollt.

Seht ihr den Mond dort stehen?
Er ist nur halb zu sehen,
und ist doch rund und schön.
So sind wohl manche Sachen,
die wir getrost belachen,
weil unsre Augen sie nicht sehn.

Wir stolze Menschenkinder
sind eitel arme Sünder
und wissen gar nicht viel.
Wir spinnen Luftgespinste
und suchen viele Künste –
und kommen weiter von dem Ziel.

Gott, lass uns *dein* Heil schauen,
auf nichts Vergänglichs trauen,
nicht Eitelkeit uns freun!
Lass uns einfältig werden
und vor dir hier auf Erden
wie Kinder fromm und fröhlich sein!

Wollst endlich sonder Grämen
aus dieser Welt uns nehmen
durch einen sanften Tod;
und, wenn du uns genommen,
lass uns in Himmel kommen,
du, unser Herr und unser Gott!

So legt euch denn, ihr Brüder,
in Gottes Namen nieder!
Kalt ist der Abendhauch.
Verschon uns, Gott, mit Strafen,
und lass uns ruhig schlafen,
und unsern kranken Nachbarn auch.

**63 Matthias Claudius (1740–1815),
Der Mond ist aufgegangen (1779)**

Ich gehöre nicht mehr mir, sondern dir. Stelle mich, wohin du willst. Geselle mich, zu wem du willst. Lass mich wirken, lass mich dulden. Brauche mich für dich, oder stelle mich für dich beiseite. Erhöhe mich für dich, erniedrige mich für dich. Lass mich erfüllt sein, lass mich leer sein. Lass mich alles haben, lass mich nichts haben.
In freier Entscheidung und von ganzem Herzen überlasse ich alles deinem Willen und Wohlgefallen.
Herrlicher und erhabener Gott, Vater, Sohn und Heiliger Geist: Du bist mein, und ich bin dein. So soll es sein. Bestätige im Himmel den Bund, den ich jetzt auf Erden erneuert habe. Amen.

**64 Erneuerung des Bundes mit Gott
(nach John Wesley, 1703–1791)**

Wer einmal, Mutter, dich erblickt,
Wird vom Verderben nie bestrickt.
Trennung von dir muß ihn betrüben,
Ewig wird er dich brünstig lieben,
Und deiner Huld Erinnerung
Bleibt fortan seines Geistes höchster Schwung.

Ich mein es herzlich gut mit dir.
Was mir gebricht, siehst du in mir.
Laß, süße Mutter, dich erweichen,
Einmal gib mir ein frohes Zeichen.
Mein ganzes Dasein ruht in dir,
Nur einen Augenblick sei du bei mir.

Oft, wenn ich träumte, sah ich dich
So schön, so herzensinniglich.
Der kleine Gott auf deinen Armen
Wollt' des Gespielen sich erbarmen;
Du aber hobst den hehren Blick
Und gingst in tiefe Wolkenpracht zurück.

Was hab ich Armer dir getan?
Noch bet ich dich voll Sehnsucht an.
Sind deine heiligen Kapellen
Nicht meines Lebens Ruhestellen?
Gebenedeite Königin,
Nimm dieses Herz mit diesem Leben hin.

Du weißt, geliebte Königin,
Wie ich so ganz dein eigen bin.
Hab ich nicht schon seit langen Jahren
Im Stillen deine Huld erfahren?
Als ich kaum meiner noch bewußt,
Sog ich schon Milch aus deiner selgen Brust.

Unzähligmal standst du bei mir,
Mit Kindeslust sah ich nach dir,
Dein Kindlein gab mir seine Hände,
Daß es dereinst mich wieder fände.
Du lächeltest voll Zärtlichkeit,
Und küßtest mich, o himmelsüße Zeit!

Fern steht nun diese selge Welt,
Gram hat sich längst zu mir gesellt,
Betrübt bin ich umhergegangen,
Hab ich mich denn so schwer vergangen?
Kindlich berühr ich deinen Saum,
Erwecke mich aus diesem schweren Traum.

Darf nur ein Kind dein Antlitz schaun
Und deinem Beistand fest vertraun,
So löse doch des Alters Binde
Und mache mich zu deinem Kinde.
Die Kindeslieb und Kindestreu
Wohnt mir von jener goldnen Zeit noch bei.

65 Novalis (Georg Philipp Friedrich von Hardenberg, 1772–1801), «Geistliche Lieder» (1799)

Müde bin ich, geh zur Ruh',
schließe beide Äuglein zu:
Vater, lass die Augen dein
über meinem Bette sein!

Hab ich Unrecht heut getan,
sieh es, lieber Gott, nicht an!
Deine Gnad' und Jesu Blut
macht ja allen Schaden gut.

Alle, die mir sind verwandt,
Gott, lass ruhn in deiner Hand!
Alle Menschen, groß und klein,
sollen dir befohlen sein.

Kranken Herzen sende Ruh',
nasse Augen schließe zu!
Lass den Mond am Himmel stehn
und die stille Welt besehn!

**66   Luise Hensel (1798–1876),
    entstanden 1816**

Und sieh, ich habe dich gesucht mit Schmerzen,
mein Herr und Gott, wo werde ich dich finden?
Ach, nicht im eignen ausgestorbnen Herzen,
wo längst dein Ebenbild erlosch in Sünden:
Da tönt aus allen Winkeln, ruf ich dich,
mein eignes Echo wie ein Spott um mich. ...

Wo find ich dich in Hoffnung und in Lieben?
Denn jene ernste Macht, die ich erkoren,
das ist ein Schatten nur, der mir geblieben
von deinem Bilde, da ich es verloren.
O Gott, du bist so mild und bist so licht!
Ich suche dich in Schmerzen, birg dich nicht!

**67 Annette von Droste-Hülshoff (1797–1848),
«Das geistliche Jahr» (1820)**

Herr, schicke, was du willst,
ein Liebes oder Leides;
ich bin vergnügt, dass beides
aus deinen Händen quillt.

Wollest mit Freuden
und wollest mit Leiden
mich nicht überschütten!
Doch in der Mitten
liegt holdes Bescheiden.

68 Eduard Mörike (1804–1875),
    «Gebet»

Herr, nimm mich auf, mit all meinen Freveltaten, aber richte mich nicht. Lass mich ein ohne dein Gericht. Richte mich nicht, denn ich habe selbst das Urteil über mich gesprochen. Richte mich nicht, denn ich liebe dich! Eklig bin ich, aber ich liebe dich. Wenn du mich mitten in die Hölle stürzen willst, werde ich dich auch dort lieben und von dort rufen, dass ich dich liebe in Ewigkeit.

69 Fjodor M. Dostojewski (1821–1881),
Die Brüder Karamasow (1879/80)

Noch einmal, eh ich weiterziehe
und meine Blicke vorwärts sende,
heb ich vereinsamt meine Hände
zu dir empor, zu dem ich fliehe,
dem ich in tiefster Herzenstiefe
Altäre feierlich geweiht,
dass allezeit
mich seine Stimme wieder riefe.

Darauf erglühet tief eingeschrieben
das Wort: Dem unbekannten Gotte.
Sein bin ich, ob ich in der Frevler Rotte
auch bis zur Stunde bin geblieben:
Sein bin ich – und ich fühl die Schlingen,
die mich im Kampf darniederziehn
und, mag ich fliehn,
mich doch zu seinem Dienste zwingen.

Ich will dich kennen, Unbekannter,
du tief in meine Seele Greifender,
mein Leben wie ein Sturm Durchschweifender,
du Unfassbarer, mir Verwandter!
Ich will dich kennen, selbst dir dienen.

70 Friedrich Nietzsche (1844–1900),
    entstanden 1864

Herr, mach mich zum Werkzeug deines Friedens:
dass ich liebe, wo man hasst,
dass ich verzeihe, wo man beleidigt,
dass ich verbinde, wo Streit ist,
dass ich die Wahrheit sage, wo Irrtum herrscht,
dass ich den Glauben bringe, wo Zweifel ist,
dass ich Hoffnung wecke, wo Verzweiflung quält,
dass ich dein Licht anzünde, wo Finsternis regiert,
dass ich Freude bringe, wo Kummer wohnt.
Herr, lass mich trachten:
nicht dass ich getröstet werde, sondern dass ich tröste,
nicht dass ich verstanden werde, sondern dass ich verstehe,
nicht dass ich geliebt werde, sondern dass ich liebe.

71   **Abbé Esther Auguste Bouquerel (1855–1923),**
     Friedensgebet (1912)

Gib mir eine gute Verdauung, Herr,
und auch etwas zum Verdauen!
Schenke mir Gesundheit des Leibes,
und Sinn dafür, ihn möglichst gut zu erhalten.

Gib mir eine gesunde Seele, Herr,
die das im Auge behält, was gut ist und rein.
Über Sünde soll sie sich nicht entrüsten,
sondern Mittel finden, die Dinge wieder in Ordnung
    zu bringen.

Gib mir eine Seele, die nicht in sich selbst verstrickt ist,
die kein Selbstmitleid kennt und kein Seufzen und
    Klagen.
Und lass mich die Selbstliebe nicht übertreiben,
die Sorge um das kleine «Ich».

Herr, schenke mir Sinn für Humor,
gib mir die Gnade, Spaß zu verstehen,
damit ich ein wenig Freude habe im Leben
und andere daran teilhaben lasse.

**72 Thomas H. B. Webb (1898–1917),
    Gebet um Humor**

Herr Gott, wir bitten dich, bewahre uns heute vor eitler Zerstreuung und vor den tückischen Lockrufen ungezügelter Wünsche. Verleihe uns in Gnaden ein still zufriedenes Herz und lass uns von Jesu Sanftmut und Demut lernen. Lass uns nicht den Vielen nachlaufen, die suchen, was nimmer genügt, und in ihre fiebernde Gier auch andere hineinreißen möchten. Hilf, dass nicht die Macht der Versuchung durch unseren Einfluss noch wachse. Bestürmen die Wogen der Habsucht das Bollwerk unserer Seele, so lass du sie Ruhe finden und stilles Genügen an dir. Lass uns durchs drängende Leben von Pflicht zu Pflicht unseren Weg gehn, gefassten Herzens, so dass alle ringsum den Segen der Gottesstille spüren.

Walter Rauschenbusch
(1861–1918)

Du senkst voll Liebe deinen Blick in meinen
und neigst dein Ohr zu meinen leisen Worten
und füllst mit Frieden tief das Herz.

Doch deine Liebe findet kein Genügen
in diesem Austausch, der noch Trennung lässt.
Dein Herz verlangt nach mehr.

Du kommst als Frühmahl zu mir jeden Morgen.
Dein Fleisch und Blut wird mir zu Trank und Speise
und Wunderbares wird gewirkt.

Dein Leib durchdringt geheimnisvoll den meinen,
und deine Seele eint sich mit der meinen;
ich bin nicht mehr, was einst ich war.

Du kommst und gehst, doch bleibt zurück die Saat,
die du gesät zu künft'ger Herrlichkeit,
verborgen in dem Leib von Staub.

74 Edith Stein (1891–1942),
    entstanden 1938

Von guten Mächten treu und still umgeben
behütet und getröstet wunderbar, –
so will ich diese Tage mit euch leben
und mit euch gehen in ein neues Jahr;

noch will das alte unsre Herzen quälen
noch drückt uns böser Tage schwere Last.
Ach Herr, gib unsern aufgeschreckten Seelen
das Heil, für das Du uns geschaffen hast.

Und reichst Du uns den schweren Kelch, den bittern,
des Leids, gefüllt bis an den höchsten Rand,
so nehmen wir ihn dankbar ohne Zittern
aus Deiner guten und geliebten Hand.

Doch willst du uns noch einmal Freude schenken
an dieser Welt und ihrer Sonne Glanz,
dann woll'n wir des Vergangenen gedenken,
und dann gehört dir unser Leben ganz.

Lass warm und hell die Kerzen heute flammen
die Du in unsre Dunkelheit gebracht,
führ, wenn es sein kann, wieder uns zusammen!
Wir wissen es, Dein Licht scheint in der Nacht.

Wenn sich die Stille nun tief um uns breitet
So lass uns hören jenen vollen Klang
der Welt, die unsichtbar sich um uns weitet,
all Deiner Kinder hohen Lobgesang.

Von guten Mächten wunderbar geborgen
erwarten wir getrost, was kommen mag.
Gott ist bei uns am Abend und am Morgen,
und ganz gewiss an jedem neuen Tag.

75 **Dietrich Bonhoeffer (1906–1945),
    entstanden 1944**

God, give us grace to accept with serenity the things that cannot be changed,
courage to change the things that should be changed,
and the wisdom to distinguish the one from the other.

Gott, gib uns die Kraft, mit Gleichmut zu ertragen,
was sich nicht ändern lässt.
Gib uns den Mut, zu ändern, was zu ändern ist.
Und schenke uns die Weisheit, zwischen beidem
    zu unterscheiden.

76   Reinhold Niebuhr (1892–1971),
       Gebet um Weisheit (1943)

Geheiligt werde dein Name – nicht der meine,
Dein Reich komme – nicht das meine,
Dein Wille geschehe – nicht der meine.
Gib uns Frieden mit dir,
Frieden mit den Menschen,
Frieden mit uns selbst,
und befreie uns von Angst.

*

Erbarme dich unser.
Erbarme dich unseres Strebens,
dass wir
vor dir,
in Liebe und Glauben,
Gerechtigkeit und Demut
dir folgen mögen,
in Selbstzucht und Treue und Mut
und in Stille
dir begegnen.

*

Gib mir einen reinen Sinn – dass ich dich erblicke,
einen demütigen Sinn – dass ich dich höre,
einen liebenden Sinn – dass ich dir diene,
einen gläubigen Sinn – dass ich in dir bleibe.

77 Dag Hammarskjöld
    (1905–1961)

Herr, ich werfe meine Freude wie Vögel an den Himmel!
Die Nacht ist verflattert. Ich freue mich am Licht.
Deine Sonne hat den Tau weggebrannt
vom Gras und von unseren Herzen.
Was aus uns kommt an diesem Morgen ist Dank.

Herr, ich danke dir für das, was ich bin:
für meinen Körper, der hoch und breit wächst.
Du kannst mich hochsteigen lassen,
doch höher als deine Bäume kann ich nicht wachsen.

Herr, ich bin fröhlich heute am Morgen.
Vögel und Engel singen, und ich jubiliere auch.
Das All und unsere Herzen sind offen für deine Gnade.
Ich fühle meinen Körper und danke.
Die Sonne brennt auf meiner Haut – ich danke.
Das Meer rollt gegen den Strand – ich danke.
Die Gischt klatscht gegen unser Haus – ich danke.
Ich freue mich an der Schöpfung.
Du stehst hinter ihr, neben ihr, über ihr und in uns.

Herr, deine Sonne steht milde am Himmel
und krault das Gras und die Cassava aus dem Lehm,
setzt Blumen darauf, zerrt Mahagoni daraus,
wirft Vögel an den Himmel
und trommelt aus uns deinen Lobgesang.

Herr, ich werfe meine Freude wie Vögel an den Himmel!
Der neue Tag glitzert und knistert, schallt und jubiliert von
    deiner Liebe.
Jeden Tag machst du neu.
Jeden Tag zählst du wie die Kräusel auf meinem Haupt.

78 Fritz Pawelzik
   (1965)

Islam

«Lob sei Gott» (al-ḥamdu lillah)
in arabischer Kalligraphie

Ich nehme meine Zuflucht zum Herrn der Menschen,
dem König der Menschen,
dem Gott der Menschen,
vor dem Bösen des Einflüsterers, des Verleumders,
der einflüstert in die Herzen der Menschen –
ob Dschinne oder Menschen.

79   Koran, Sure 114

O Gott, öffne mir die Tore
deiner Barmherzigkeit!

*

O Gott, vergib mir alle meine Sünden,
die kleinen und die schweren,
die ersten und die letzten,
die verborgenen und die offenkundigen.

*

O Gott, ich suche Zuflucht vor deinem Zorn
bei deinem Wohlgefallen, und vor deiner Strafe
bei deiner Vergebung. Ich suche Zuflucht vor dir –
bei dir. Ich kann dich nicht genug rühmen –
du bist so, wie du dich selbst gerühmt hast.

*

Lob sei Gott, dem Herrn der Weltbewohner!

Kurze Gebete des Propheten Mohammed
(ca. 569–632)

Ich suche Zuflucht bei dir vor dem Unglauben, vor der Armut und vor der Pein des Grabes. Ich bitte dich um Vergebung und um Schutz in der Religion, im Diesseits und im Jenseits. Unser Herr, schenke uns im Diesseits Gutes und auch im Jenseits Gutes, und bewahre uns vor der Pein des Feuers.

81 **Wallfahrtsgebet,
in Mekka zu sprechen**

Unser Herr, vergib uns unsere Sünden
und tilge unsere Missetaten
und nimm uns zu dir, mit den Frommen!
Unser Herr! Gib uns, was du uns
durch die Gesandten versprochen hast!
Mach uns nicht zuschanden am Tag der Auferstehung!
Siehe, du brichst dein Versprechen nicht.

O Gott, du hörst meine Worte und siehst meinen Aufenthalt. Du kennst meine geheimen und meine offenbaren Werke, und nichts von meinem Leben bleibt dir verborgen.

Ich bin elend und arm, ich rufe zu dir um Hilfe und Beistand, in Furcht und Ängstlichkeit, und ich bekenne und gestehe meine Schuld. Ich bitte dich, wie ein Elender bittet. Ich flehe zu dir, wie ein Erniedrigter fleht; ich rufe zu dir, wie der angstvolle Blinde ruft, dessen Nacken sich vor dir beugt und dessen Träne vor dir fließt und dessen Körper sich vor dir erniedrigt und dessen Stolz sich vor dir demütigt.

83 **Wallfahrtsgebet**

Im Namen Gottes,
des Erbarmers, des Barmherzigen.
Lobpreis sei Gott, dem Herrn der Weltbewohner,
dem Erbarmer, dem Barmherzigen,
dem Herrscher des Gerichtstags!
Dir dienen wir,
dich rufen wir um Hilfe an.
Leite uns den rechten Weg,
den Weg derer, denen du gnädig bist,
nicht derer, über die gezürnt wird,
noch derer, die irregehn!

*

Preis sei Allah, dem die Welt untertan!
Dem König des Gerichts, dem barmherzigen
Rachmān!
Dich beten wir an, dich rufen wir an:
Leite du uns auf die gerade Bahn,
zu wandeln als solche, denen du wohlgetan,
die dein Zorn verschont, und die frei sind von Wahn.

O Sonne von herrlicher Gestalt
und unnachahmlicher Schöpfung,
die gemacht ward als Leuchte für die Augen,
zum Nutzen für die Bewohner der Städte zu taugen!
Dein Aufgang ist Leben, dein Untergang Tod.
Wenn du aufgehst durch ein mächtiges Wort
und wenn du zurückkehrst zu einem befestigten Ort:
Ich bitte Ihn, der mit dir den Himmel geschmückt
und dich mit Licht bekleidet hat,
der dir die Säulen am Aufgangsort geöffnet
und dich mit glänzenden Strahlen verhüllt hat,
so dass niemand dich betrachte, er zerschmelze denn,
und keiner dich ansehe, er verbrenne denn –
dass Er uns durch dich Gesundheit gebe
und Krankheit abwehre,
Einsamkeit abwende und Kummer ablenke,
dass Er uns bewahre vor Irrtümern
und davor, dass wir den Lüsten folgen
und dem Übel anhangen,
dass Er uns verleihe längstmögliches Leben
und bestmögliche Taten
und dass Er dich zu einer neuen glücklichen Fügung mache,
die Gesundheit ankündigt
und Abwehr von Missgeschick verbürgt!

85   ʿAlî ibn Abî Ṭâlib
     (gest. 661)

O Herr! Erhelle meine Nacht!
O lass mich wie der Tag die dunkle Nacht besiegen!
Finster scheint meine Nacht und ohne Hoffnung auf Morgen.
    Du aber mach mein Antlitz sonnenhell!
Mein Gram wirft Helden um –
    lass mich ihn dennoch tapfer überwinden!
Ich kann die enge Gruft nicht mehr ertragen!
    Befrei mich, dem Rubin gleich, aus dem Stein!
Du bist der Beistand aller, die bedrängt sind –
    so steh mir bei, die in Bedrängnis zu dir fleht!
Ich kann so große Not nicht mehr ertragen.
    Hilf mir, o Helfer aller Betenden!
Bei den Tränen verlassener Kinder
    und bei der Verzweiflung misshandelter Greise,
bei den Wanderern, die sich am Wege betten,
    und bei den Gefangenen, die im Brunnenschacht schmachten,
bei den Bedürftigen, denen die Türen der Menschen verschlossen,
    und bei den Verwundeten, die von Blut überströmt sind,
bei den von ihrer Habe Gerissenen,
    und bei den von der Karawane Verlassenen –
erbarm dich meines blutenden Herzens
    und rette mich aus diesem Strudel des Grams!
Würde jedes meiner Haare zu einer Zunge,
    so sänge jedes einzelne deinen Lobgesang.
Allein, noch bin ich zungenlos,
    noch hab ich von hundert Dankesworten dir nicht eines gesagt!

Du bist das Wesen, dem kein anderes gleichkommt,
 du bist das Sein, alles außer dir ist nur Nichtsein.
Du bist im Schleier der All-Einzigkeit verborgen,
 des Himmels Meister bist du,
Anfang und Ende sind dir untertan.
 Das Erste weißt vom Letzten du allein zu scheiden.
An deinen Hof zu ziehen ziemt in Furcht und Hoffnung
 nur jenen, die sich unterwerfen.
Ob du mein Leben nimmst, mein Leben fristest,
 tu, was du willst – du weißt das Rechte!
Durch deinen Segen bin ich, was ich bin.
 Füg diesem Segen nur noch eines hinzu:
Welches Urteil, welchen Spruch du auch fällen magst,
 erschaff in mir den Mut zur Unterwerfung!
Sind jedem Urteil, das du fällst,
 auch Tod und Leben unterworfen –
schick mir entkräftetem Gequälten keine Qual,
 die zu ertragen mir die Kraft fehlt!
Ich kann nichts tun, das jetzt vonnöten wäre.
 Doch was *ich* nicht vermag – du, Herr, vermagst es!
Mach mir durch deine Gnade nun das Herz froh,
 denn deine Gnade ist groß über mir!
Wie könnte ich mein Geheimnis dir verbergen,
 der du auch das Verborgene kennst.

86 Nizâmi (1141–1209), Gebet der Schîrîn

O Gott, setze in mein Herz Licht,
in meine Ohren Licht,
in meine Augen Licht
und in meine Zunge Licht;
und zu meiner Rechten Licht
und zu meiner Linken Licht;
über mir Licht
und unter mir Licht,
vor mir Licht
und hinter mir Licht!
Setze mir in meine Seele Licht!
Mache mir das Licht groß!
Weite meine Brust
und mache mir meine Aufgabe leicht!

O Gott, Herrscher über alles!
Du gibst die Herrschaft, wem du willst,
und du entziehst die Herrschaft, wem du willst.
Du stärkst, wen du willst,
und du erniedrigst, wen du willst.
Das Gute liegt in deiner Hand!
Du lässt die Nacht hinübergleiten in den Tag,
und lässt den Tag hinübergleiten in die Nacht.
Du bringst hervor das Lebende aus dem Toten,
und bringst das Tote aus dem Lebenden hervor.
Du versiehst mit Gaben, wen du willst,
ohne abzurechnen.

Koran, Sure 3, 26–27

Gott, nie lausche ich
auf die Stimme eines Tieres,
das Rauschen eines Baumes,
das Sprudeln von Wasser,
den Sang eines Vogels,
das Brausen des Windes,
das Grollen des Donners,
ohne zu finden,
dass sie deine Einzigkeit bezeugen,
dass sie darauf hinweisen,
dass es keinen dir gleich gibt,
dass du der Herrscher bist,
der nicht beherrscht werden kann,
der Weise, der keine Unwissenheit kennt,
der Milde, der nicht entehrt,
der Gerechte, der nicht grausam ist,
der Vertrauenswürdige, der nicht lügt.

89 Dhû'n-Nûn
   (gest. 859)

Mit deiner Seele hat sich meine
gemischt, wie Wasser mit dem Weine.
Wer kann den Wein vom Wasser trennen?
Wer dich und mich aus dem Vereine?
Du bist mein großes Ich geworden,
und nie mehr will ich sein das kleine.
Du hast mein Wesen angenommen.
Sollt' ich nicht nehmen an das deine?
Auf ewig hast du mich bejahet,
dass ich dich ewig nicht verneine.
Dein Liebesduft, der mich durchdrungen,
geht nie aus meinem Mark und Beine.
Ich ruh als Flöt' an deinem Munde,
als Laut' in deinem Schoß alleine.
Gib einen Hauch mir, dass ich seufze,
gib einen Schlag mir, dass ich weine.
Süß ist mein Weinen und mein Seufzen,
dass ich der Welt zu jauchzen scheine.
Du ruhst in meiner Seele Tiefen
mit deines Himmels Widerscheine.

Dschalal ad-Dîn Rûmî
(1207–1273)

Indien und Ostasien

«Om», in Sanskrit ein Ausruf, ist heiliges Wort
und Symbol für den Hinduismus

In Majestät strahlt auf die Morgenröte,
weißglänzend wie der Wasser Silberwogen.
Sie macht die Pfade schön und leicht zu wandeln
und ist so mild und gut und reich an Gaben.

Ja, du bist gut, du leuchtest weit, zum Himmel
sind deines Lichtes Strahlen aufgeflogen.
Du schmücktest dich und prangst mit deinem Busen
und strahlst voll Hoheit, Göttin Morgenröte.

Es führt dich ein Gespann von roten Kühen,
du sel'ge, die du weit und breit dich ausdehnst.
Sie scheucht die Feinde wie ein Held mit Schleudern,
und schlägt das Dunkel wie ein Wagenkämpfer.

Bequeme Pfade hast du selbst auf Bergen
und schreitest, selberleuchtend, durch die Wolken.
So bring uns, Hohe, denn auf breiten Bahnen
Gedeih'n und Reichtum, Göttin Morgenröte!

91 **Hymne an Uṣas, Göttin der Morgenröte
(vedische Religion)**

O möchten doch von allen Seiten kommen
uns ungestört Gedanken, gut und wahr,
so dass die Götter uns zu unserm Frommen
beschützen segenspendend immerdar.

Den Guten werden Glück die Götter bringen,
die Gunst der Götter kehre bei uns ein!
Wir strebten ihre Freundschaft zu erringen,
damit sie langes Leben uns verleihn.

Lasset uns, ihr Götter, Gutes hören,
lasst uns Gutes mit den Augen sehn,
dass wir, die wir preisend euch verehren,
stark und kräftig durch das Leben gehn.

Hundert Jahr' sind uns bestimmt auf Erden!
Gönnt die Zeit uns, die uns kundgetan,
dass wir sehn, wie Söhne Väter werden,
reißt uns nicht aus der Lebensbahn.

An alle Götter
(vedische Religion)

Ein Herrscher bist du, gewaltig und hehr,
ein Vertilger der Feinde, dem niemand gleicht,
besiegt und erschlagen wird nimmermehr,
wem du in Gnaden dich zugeneigt.

Ein Stammesfürst, der das Heil uns schafft,
der den Drachen tötet, den Feind bezwingt,
geh uns Indra voran, ein Stier an Kraft,
der die Furcht verscheucht und den Soma trinkt.

Den feindlichen Unhold jage hinaus,
und, Indra, des Drachens Kiefer zerbrich,
und den Grimm, du Drachentöter, treib aus
dem Widersacher, das bitten wir dich.

Von Gegnern, Indra, mache uns frei,
den feindlichen Streiter schlag aus dem Land,
und wer uns bedroht und verfolgt, der sei
ins tiefste Dunkel von dir gebannt.

Vor dem Hasse des Feindes schaffe uns Ruh',
dass, Indra, sein Hieb uns nicht treffen mag.
Vor seinem Grimme beschirme uns du
und lenke weit ab von uns seinen Schlag.

**93   Lied an den Gott Indra
(vedische Religion)**

Wohin, Mutter, auch dein Wille
meinen Weg im Leben lenke,
alles dienet mir zum Besten,
wenn ich immer dein gedenke.
Leben, Schmerz und Arbeit
nehme ich als Lust mit Freuden an,
wenn ich dich in meinem Innern,
Wolkendunkle, sehen kann.
Ob ich mich mit Asche schmücke,
ob ich von Juwelen blitze,
ob am Fuß des Baums ich wohne,
ob ich auf dem Throne sitze,
Mutter, für Kamalâkânta ist es gleich,
wie du bestimmst,
wenn du nur in seines Herzens Tempel
deinen Wohnsitz nimmst.

94   **Kamalâkânta Bhatâtscharja (um 1800, Hindu),
Hymne an die Göttin Durga**

Nimm mein Leben,
damit ich es dir, Herr, weihe.
Nimm mein Herz,
und durchtränke es, Liebe, mit dir.
Nimm meine Augen
und lass sie trunken werden, Gott, von dir.
Nimm meine Hände
und lass sie schwitzen, Wahrheit, für dich.

95   **Swami Rama Tirtha**
     (1873–1906, Hindu)

Wie sehen Haus und Hof aus, wo du wohnst und dich um alles kümmerst? Viele Musikanten spielen dort unendlich viele Weisen, in vielen Melodien singt man dort, und es gibt viele Sänger.

Es singen dir der Wind, das Wasser und das Feuer. Es singt an deinem Tore König Dharma. Es singt dir Citra und Gupta, die sich darauf verstehen, Buch zu führen; und was sie so erfassen, zieht König Dharma dann bei seinem Richterspruch in Betracht.

Es singen dir die Götter Schiva, Brahma, Parvati; in Schönheit strahlen sie, auf alle Zeit von dir umsorgt. Es singen in deinem Hofe Indras, die, auf ihren Indra-Thronen sitzend, von Gottheiten umgeben sind.

Es singen dir die Siddhas, die in dich versunken sind. Es singen dir die Frommen, die dich betrachten. Es singen dir Asketen, Gerechte und solche, die ihr Genügen an dir finden. Es singen dir die Helden mit ihrem wilden Mut.

Es singen dir die Pandits und die vorzüglichsten der Seher, sie rezitieren dabei ohne Unterlass die Veden. Es singen dir die herzbetörend schönen Frauen. Und Himmel, Welten, Unterwelten singen dir.

Es singen dir die Kleinodien, die du erschaffen hast, und alle Pilgerorte. Es singen dir die Recken und Helden in ihrer großen Kraft. Es singen dir die Borne aller Lebewesen.

Es singen dir die Welten, Kontinente, das ganze
Universum. Alles das hast du gemacht, und du
bewahrst und hältst es.

Nur die vermögen dir zu singen, an denen du
Gefallen hast. Es sind die Frommen, die dich lieben
und die durchtränkt von deiner Süße sind.

**96 Guru Nânak (1469–1539, Sikh),
Das ganze Weltall preist den einen Gott**

Ich nehme meine Zuflucht zum Buddha.
Ich nehme meine Zuflucht zur Lehre.
Ich nehme meine Zuflucht zur Gemeinde.
Auch zum zweiten Mal nehme ich meine Zuflucht
zum Buddha.
Auch zum zweiten Mal nehme ich meine Zuflucht
zur Lehre.
Auch zum zweiten Mal nehme ich meine Zuflucht
zur Gemeinde.
Auch zum dritten Mal nehme ich meine Zuflucht
zum Buddha.
Auch zum dritten Mal nehme ich meine Zuflucht
zur Lehre.
Auch zum dritten Mal nehme ich meine Zuflucht
zur Gemeinde.

**97 Die dreifache Zuflucht
(Buddhismus)**

Om mani padme hûm.
Juwel im Lotos.

Gebetsformel des tibetischen Buddhismus

*

Namu Amida Butsu.
Sich ganz Amida Buddha hingeben.

Gebetsformel des Amida-Buddhismus

*

Wer im Paradies wiedergeboren werden will, spreche das Namu Amida Butsu (Sich ganz Amida Buddha hingeben) und glaube ohne jeden Zweifel an die Wiedergeburt. Weiter ist nichts erforderlich.

*Hônen (1133–1212),
Begründer des japanischen Amida-Buddhismus*

Du vollkommener Meister, der alles und alle umstrahlt wie der glitzernde Mondschein, der im selben Augenblick auf tausend Wellen spielt! Deine große Barmherzigkeit geht an keinem Geschöpf vorbei. Sicher und still fährt dein großes Barmherzigkeitsschiff hin über das Meer der Trübsal. Du bist der große Arztkönig für eine kranke und unreine Welt mit deiner barmherzigen Einladung in das Paradies des Westens.

99 **An Amida Buddha**
(Amida-Buddhismus, China)

Wir wenden uns jetzt der mächtigen Gegenwart der großen Göttin Amaterasu zu, die in Ise residiert. Wir wagen zu sagen:
In all den Ländern, auf die diese mächtige Gottheit sieht –
so weit oben der Himmel und unten die Erde reicht, zu den äußersten Höhen der Wolken im Blauen, zu den Grenzen, die die sich ballenden Wolken erreichen, in der äußersten Reichweite der Ebene der blauen See, auf der die Schiffe mit niemals trockenem Segelgestänge und Steuer fahren, ja auf Ozeane mit schwer beladenen Segelschiffen und auf Landwege, wo straff gespannte Taue über die Ladungen der Tributfracht gezogen werden –
möge die mächtige Göttin für den göttlichen Nachkommen das Treten über rauhe Felsen und Baumwurzeln sicherstellen, so weit die Pferde traben können; die engen Stellen mögen erweitert werden und die steilen Stellen geebnet,
und mögen die fernen Länder Tribut senden, der von Dutzenden von Tauen gezogen wird.

Wenn die große Ahnengottheit uns das gewährt, werden wir vor der großen Ahnengöttin unsern Tribut an Erstlingsfrüchten wie Hügelketten aufhäufen, und wenn etwas übriggelassen wird, möge der göttliche Nachkomme davon nehmen.

Außerdem möge die Herrschaft des göttlichen Nachkommens ewig währen. Möge sie fest sein wie harter Felsen, darum bitten wir. Damit die Regierung gedeihe und eine glückliche sei, beugen wir wie der Kormoran unsere Nacken nieder in Gehorsam zu den mächtigen Ahnengöttern und Gottheiten und opfern die ausgesuchten Opfergaben des göttlichen Nachkommens auf, während wir unsere Worte des Lobpreises erheben.

100 Bitten an die Sonnengöttin Amaterasu
(Japan, Schintoismus)

Anhang

Erläuterungen

Das Sternchen (*) trennt selbständige Gebete.

1 *Vater:* der Gott Watauinéwa. *Nimm das Boot in deine Arme*: wie man ein Kind in den Armen hält; gemeint ist: rette das Boot aus Seenot.

2 Gesprochen bei der Initiation junger Männer vor den Schädeln der Ahnen. Der als *Vater* angesprochene Schutzgeist der Gruppe verbindet Lebende und Tote; er stiftet Fruchtbarkeit und sorgt damit für den Fortbestand der Gruppe. Der *Schatten* einer Person gilt als Träger seelischer Kraft.

3 Bei den Barolong bezeichnet Modimo (hier wiedergegeben mit *Gottheit*) die höchste göttliche Macht; sie wird als mütterliche Nahrungsgeberin angerufen.

4 Angerufen wird *Tohil*, als Gott von Regen und Fruchtbarkeit der Hauptgott der Quiché, doch sind ihm zwei weitere Götter beigefügt: *Avilisch* und *Hacavitz*. Beinamen des Hauptgottes sind «*Herz des Himmels, Herz der Erde*». Den Göttern wird durch Opfer Nahrung gegeben.

5 Die Wiesenmaus legt Vorratskammern von Erdbohnen an; diese werden von den Indianern ausgehoben, wobei sie das Entnommene aus Ehrfurcht vor dem Tier durch Mais ersetzen.

6 Die sechs hohen Götter – *Sonne, Mond, Vater Himmel, Mutter Erde, Vier Winde, Urfelsen* – umschreiben das Weltwohnhaus. Das bei vielen Gelegenheiten gesprochene Gebet gilt als «das Vaterunser der Omaha» (Werner Müller).

7 Die Geburt eines Kindes wird dem Kosmos mitgeteilt und dieser um wohlwollende Aufnahme gebeten. Die vier Hügel symbolisieren die als Geviert vorgestellte Welt. Das langgezogene *ho* ist ein indianischer Gebetsruf.

8 Außer dem Himmelsgott *(Vater, Großvater)* werden Naturmächte, angefangen von den *Sternen*, angerufen.

9 Pharao Echnaton führte eine die (männliche) Sonne verehrende monotheistische Religion ein, die sich in Ägypten allerdings nicht durchsetzte. *Die beiden Länder:* Ägypten, bestehend aus Ober- und Unterägypten.

10 Der nicht namentlich genannte Gott ist der (einem Schutzengel vergleichbare) «persönliche Gott» des Beters. Die Bitte um Heilung zeigt, dass der sich selbst schlimmer Sünde – u. a. des Raubes von Tempelbesitz – anklagende Beter eine Krankheit auf göttliche Strafe zurückführt.

11 Der uns unbekannte Dichter ruft die *Muse* (Göttin der Dichtkunst) an, mit deren Hilfe er die Taten des Gottes *Hephaistos* zu dessen Lob schildert. Zusammen mit der Göttin *Pallas* Athene gilt der Schmied Hephaistos als urzeitlicher Kulturbringer.

12 Für den Philosophen Sokrates sind nur innere, geistige Güter erstrebenswert und *schön*. Der Hirtengott *Pan* – und nicht etwa die Stadtgöttin Athene – wird angerufen, weil sich der Beter gerade außerhalb Athens aufhält.

13 Der Philosoph Kleanthes identifiziert den blitzeschleudernden Gott *Zeus* der griechischen Mythologie mit dem stoischen Logos, der alles Sein, auch den Menschen, als göttliches Vernunftprinzip durchdringt und leitet. Da Zeus als *Vater* angesprochen wird, gilt das Gebet als das Vaterunser der Antike (W. Theiler).

14 Zu sprechen anlässlich des Opfers zur kultischen Reinigung des landwirtschaftlichen Anwesens. Die drei Opfertiere werden um das Anwesen herumgeführt und dann geschlachtet. *Mars* ist hier altertümlich nicht Kriegsgott, sondern Beschirmer bäuerlicher Produktion.

15 *Zeus*, Haupt der griechischen Götterwelt, ist Wettergott.

16 *Isis* gilt als mütterliche Göttin von universaler Kompetenz. Anders als die Gottheiten der Antike ist sie den das *Schicksal* bestimmenden Mächten (Göttin *Fortuna, Sterne*) nicht unterworfen, auch der Hölle *(Tartarus)* nicht.

17 Die angerufene Göttin Artemis hat viele Funktionen, die mit verschiedenen Beinamen *(hundert Namen)* bezeichnet werden. Im Hymnus ist sie «Pförtnerin» des Lebens *(Prothyraía)* und «Geburtshelferin» *(Eileithyía)*.

18 Die Welt ist Ebenbild *(Abbild)* des Schöpfergottes. *Geistige Opfer:* Der vorliegende Hymnus gilt als dem Gott genehme Opfergabe.

19 Der *eine, unsterbliche Gott* steht unsichtbar und unerkennbar hinter allen Göttern des polytheistischen Weltbildes. *Luft, Erde, Wasser, Feuer* sind die vier Elemente, aus denen nach antiker Auffassung alles Materielle besteht.

20 Der Beter, ein Opferpriester, sucht Zuflucht beim einen Gott Israels. Gleichzeitig wendet er sich von der Verehrung anderer Götter (den *Heiligen, Herrlichen*) ab. Vom bewirtschaftbaren Land (*Erb*land) ist nur bildlich die Rede, denn der Priester wird durch die Abgaben derer belohnt, die zum Tempel pilgern und dort seine Dienste in Anspruch nehmen. Für den Zuflucht Suchenden übernimmt Gott die Rolle des ständigen Beschützers.

21 Der Beter wartet auf das vom Priester dem Sünder Vergebung zusprechende Gottes*wort*.

22 *Entsündige mich mit Ysop:* Angespielt ist auf ein priesterliches Reinigungsritual, bei dem die Ysop-Pflanze eine Rolle spielt. *Nimm mir nicht deinen heiligen Geist:* Entziehe mir nicht deinen Segen.

23 Der Beter will der Kerkerhaft entgehen, vielleicht dadurch, dass er sich in den Schutz des Tempels begibt, wo er Asyl findet. Ist ein Asylant vom Oberpriester anerkannt, lebt und arbeitet er im Tempel, dem Zugriff von Gegnern unzugänglich. *Anteil im Lande der Lebenden:* wertvollster Besitz auf Erden.

24 Der Beter findet Schutz vor seinen Gegnern bei dem ihm gnädigen Gott.

25 Als Herrscher über die Tierwelt hat der Mensch Anteil an der universalen Souveränität des Schöpfers – ein Nachklang aus der untergegangenen Welt der frühen Jäger und Sammler. *Name:* Ruhm. *Ihn, der dahinzieht die Pfade der Meere:* Meerestier.

26 *Du sendest deinen Atem aus:* Gemeint ist Regen.

28 Der Beter erfährt die Liebe Gottes im Tempel *(Haus)*; dort fühlt er sich an der Lebens*quelle* geborgen.

29 Der Beter befindet sich im Tempel, wo er, mit duftendem *Öl* parfümiert, ein festliches Opfermahl genießt; dabei feiert er seinen Gott im bukolischen Hirtenbild als Beschützer. *Um seines Namens willen,* nämlich «Hirte». *Bleiben im Hause des Herrn:* Der oft besuchte Tempel gilt dem Frommen als Wohnung; nach anderer Deutung lebt der Beter als Asylant im Tempel und steht so unter Gottes besonderem Schutz.

30 In der nachbiblischen, spätantiken Novelle «Josef und Asenet» ist Asenet die vom (biblischen) Josef zur Frau genommene Ägypterin. Zum Schöpfer der Welt *Zuflucht* nehmend, konvertiert sie zum Judentum.

31 Salomo beschreibt die Funktionen des Jerusalemer Tempels *(Haus)* als Ort der Gegenwart Gottes (in liturgischer Sprache: als Ort, an dem sein *Name* wohnt) und Stätte des Gebets. Dort wird in Rechtssachen der Eid abgelegt und in Zeiten der Dürre um Regen gebetet; auch Fremden dient der Tempel als Gebetsort. Vor der Schlacht wendet sich Israels Heer, Sieg erflehend, in die Richtung Jerusalems.

32 Das Gebet wird am Versöhnungstag, einem hohen Feiertag, in der Synagoge gesprochen. Gott möge die *Sünden* des vergangenen Jahres aus seinem Gedächtnis *tilgen* und von Strafe absehen. Bei der Vertreibung des sündigen Menschen aus dem Paradies sagt Gott zu Adam: «Du bist *Staub* und sollst zum Staub zurückkehren» (Genesis 3,19).

35 Die Form des Lobspruchs *(Gepriesen seist du…)* ist typisch für das jüdische Gebet. *König der Welt:* moderne Übertragungsvorschläge sind «Weltenherrscher» und «du regierst die Welt».

36 Das Gebet wird nach dem Anzünden der Sabbatkerzen von der Hausfrau gesprochen. Alle jüdischen Familien *(jede Familie in Israel)* werden ins Gebet eingeschlossen.

37 *Engel des Dienstes* sind die Erzengel Michael, Gabriel, Rafael; sie gelten als von Gott *gesandte* Beschützer der Frommen. Das Sabbatlied gibt dem volkstümlichen Glauben Ausdruck, dass Engel die Häuser der Frommen besuchen.

38 *Herr der Heerscharen* (Herr Zebaot) meint entweder «Herr der Engel», die die Gestirne bewegen, oder «Herr der Gestirne». Das Gebetbuch von 1997 ersetzt den Ausdruck durch «Schöpfer aller Geschöpfe».

39 Gereimte Übertragung eines hebräischen, im Mittelalter entstandenen Gedichts. Der monotheistische Gott wird als Schöpfer der Welt gepriesen, der sich auch um den einzelnen Beter kümmert. Gott als *Kelch des Heils:* Anspielung auf Psalm 116,13.

40 Das Gebet wird von einem Vorbeter gesprochen, der die Anwesenden zur formellen Beistimmung aufruft: *Darauf spricht: Amen.*

41 Bitte um die Gabe der Selbstbeherrschung. Der Mensch wird von zwei gegensätzlichen Bestrebungen beherrscht: dem guten und dem *bösen Trieb.*

42 Das fälschlich dem mittelalterlichen Gelehrten Maimonides zugeschriebene Gebet ist dem Geist der europäischen Aufklärung und deren Fortschrittsidee verpflichtet.

43 *Zebaoth:* eigentlich «Herr Zebaot», einer der Namen des biblischen Gottes (siehe oben, zu Nr. 38). Das Gedicht zeugt von mystischer Sehnsucht, wobei Gott (ähnlich wie Christus in mittelalterlicher christlicher Frauenmystik) als Jüngling vorgestellt wird.

44 Von Jesus gelehrt (Matthäus 6,9–13), bildet das Vaterunser das christliche Hauptgebet. Der knappe Gebetsstil hat zu vielen Interpretationen herausgefordert. Eine mögliche Umschreibung des Inhalts lautet: «Himmlischer Vater, bringe deinen Namen dadurch in der Welt zu Ehren, dass du deine himmlische Herrschaft auch auf der Erde Wirklichkeit werden lässt. Gib, dass wir täglich Speise haben. Verzeih uns unsere Sünden, wie wir jenen Menschen verzeihen, die uns Böses antun. Lass uns in Zeiten der Prüfung nicht in die Gefahr kommen, dir untreu zu werden, sondern rette uns aus der Gewalt des Bösen.» Der Schlussabschnitt *Denn dein ist das Reich ...* bildet keinen ursprünglichen Bestandteil des Gebets.

45 «Sub tuum praesidium confugimus» gilt als ältestes an Maria gerichtetes Gebet.

47 *Dass unser Leib stets bleibe rein* (ne polluantur corpora): Nächtlicher Samenerguss wurde auf Einfluss des Teufels *(Feind)* zurückgeführt.

48 Heilig-Geist-Hymnus «Veni creator Spiritus» in moderner Nachdichtung. Die traditionellen *«sieben» Gaben* des Hl. Geistes sind Weisheit, Verstand, Rat, Stärke, Wissen, Frömmigkeit, Gottesfurcht (nach Jesaja 11,2f). Von Gottes *Geist erfüllt*, predigen die Apostel in *Zungen*rede (Apostelgeschichte 2). Der *Feind* ist der Teufel.

49 *Verbannte Kinder Evas:* aus dem Paradies vertriebene Nachkommen der ersten Frau. *Nach diesem Elend:* nach dem irdischen Leben.

50 Am Anfang wird Gott *mitsamt* seinem Hofstaat (wörtlich: seine Kreaturen) gepriesen; zu letzterem gehört auch die Sonne. Der sich anschließende Lobpreis dankt Gott jeweils *für* eine gute Gabe: für Mond und Sterne, die vier Elemente (Luft, Wasser, Feuer, Erde), den demütigen Menschen und zuletzt für den Tod. – *Der zweite Tod:* die Verdammung im Jüngsten Gericht.

51 Das für gottesdienstlichen Gebrauch bestimmte eucharistische Lied orientiert sich am *Hirten*bild von Psalm 23. *Sion,* eigentlich Jerusalem, meint hier die Kirche. *Wahre Speise:* Christus gilt als verborgen gegenwärtig im Brot der Eucharistie.

52 Nach der Bibel bringt *Gabriel* Maria Gottes Botschaft; hier dient der Engel in umgekehrter Richtung als Liebesbote der Mystikerin.

53 Gott trägt ein menschliches *Angesicht* – das Antlitz Christi; derselbe Gedanke findet sich, zeitgleich mit dem Gebet, im Schlussabschnitt von Dantes Divina Commedia. Das «Antlitz Christi» war ein beliebtes Andachtsbild jener Zeit.

54 *Was mich hindert:* Das war für Bruder Klaus seine Familie mit zehn Kindern, die er verließ, um als Einsiedler zu leben.

55 Der Verfasser, englischer Lordkanzler unter Heinrich VIII., schrieb das Gebet wenige Tage vor seiner Hinrichtung. *Gesegneten Geistes:* Der Heilige Geist vermag das menschliche Herz zu lenken; er wird dies im ewigen Leben vollständig tun, im irdischen Leben ist nur ein Vorgeschmack davon möglich.

56 Annahme des Menschen durch Gott, das große Thema des Reformators, beruht auf Gnade, nicht auf dem Vorweisen menschlichen Verdienstes. *Durch Christus:* durch Christi Verdienst; Christus ist Heilsmittler.

57 Die Mystikerin spricht von *Trockenheit* (esterilidad: Dürre, Unfruchtbarkeit), wenn ihr Beten nicht von emotionalem Kontakt zu Gott getragen ist.

58 Die morgendliche Betrachtung soll eine gottgefällige, den ganzen Tag prägende fromme Stimmung erzeugen. Erweckt werden *gute Gedanken und Gefühle* (bonnes affections) wie z.B. Gottes- und Nächstenliebe, Hass der Sünde, Mitleid, Vertrauen auf Gottes Barmherzigkeit und Hilfe.

59 Das Lied orientiert sich an der Sprache der Lutherbibel: «Stärke mich *nach deinem Wort* ... führe mich auf dem Steg deiner Gebote ... lass meinen *Gang* gewiss sein in deinem *Wort*» (Psalm 119,28.35.133). Hort ist Luthers Wort für «Schutz». Der *böse Feind* ist der Teufel.

61 *Mein Anteil auf ewig:* Psalm 73,26. *Du bist mir näher als ich mir selbst:* Gott ist mir ganz nahe, selbst wenn ich es nicht wahrnehme; Augustinus, Bekenntnisse 3, 6,11. Göttlicher *Trost*, inneres Spüren von Gottes *Nähe, Erleuchtung*: solche in der katholischen geistlichen Literatur oft beschriebene Erfahrungen gelten als Gunsterweis, den Gott dem einzelnen Frommen gewährt.

62 Die Vorstellung von Jesus als die Speise segnender *Gast* ist offenbar nach der biblischen Geschichte der Emmausjünger gebildet (Lukas 24,28-31).

64 Die im Gemeindegottesdienst zum Jahresschluss begangene Erneuerung des in Taufe und Bekehrung grundgelegten Bundes mit Gott *(Du bist mein und ich bin dein)* ist fester Bestandteil der methodistischen Überlieferung. Bis heute werden dabei auf Wesley zurückgehende Formulierungen gebraucht. So soll es sein übersetzt «Amen».

65 *Königin:* Maria.

66 *Jesu Blut:* Jesu sühnender Tod.

67 Als *Ebenbild* Gottes erschaffen, hat der Mensch diese Qualität durch die Sünde der Ureltern Adam und Eva *verloren*.

69 Gebet des verzweifelten Dmitrij, der (in Dostojewskis Roman) zur Ermordung seines Vaters beigetragen hat.

70 Der ungläubige neunzehnjährige Nietzsche nimmt Zuflucht zum *unbekannten Gotte,* dem nach biblischer Überlieferung in Athen ein Altar geweiht war (Apostelgeschichte 17,23).

71 Das französische Gebet wird oft fälschlich Franziskus von Assisi zugeschrieben.

72 Das als Scherz gedachte, im Original gereimte Gebet des englischen Schülers erfreut sich großer Beliebtheit, nicht zuletzt wegen seiner fälschlichen Zuschreibung an Thomas Morus.

73 Das Gebet setzt lutherische und pietistische Herzensruhe der Geschäftigkeit von New York entgegen – der Stadt, wo der Verfasser als Seelsorger wirkte.

74 Das mystische Gebet der Karmelitin bezieht sich auf den Empfang des Leibes Christi in der von der Beterin täglich empfangenen Eucharistie.

75 Geschrieben Ende 1944 im Kellergefängnis der Prinz-Albrecht-Straße in Berlin. Der Autor hat das Gedicht einem Brief an seine Braut beigelegt. Weihnachts- und Neujahrsstimmung klingen ebenso an wie die kurz bevorstehende Hinrichtung. Der *Kelch* erinnert an Jesu Passion (Lukas 22,42).

77 *Geheiligt werde dein Name* usw.: Deutung des Vaterunsers nach Lukas 22,42. *Dir folgen mögen:* Der Beter, Generalsekretär der Vereinten Nationen, ist dem Ideal der Leidensnachfolge Christi verpflichtet. *In dir bleibe:* Gott/Christus ist Existenzraum (1 Johannes 2,24).

78 Morgendliches Lob der Schöpfung, insbesondere der Sonne, einem jungen Afrikaner in den Mund gelegt. *Cassava:* eine Wurzelknolle, in Gebrauch und Geschmack der Kartoffel ähnlich.

79 Das Gebet des Einzelnen soll nach al-Ghazâli (gest. 1111 n. Chr.) durch diesen Spruch eröffnet werden. *Dschinn:* arabisch für Geist, Dämon.

80 *Öffne mir die Tore:* Zu sprechen beim Betreten der Moschee. *O Gott, ich suche:* Gebet um Schutz vor Gottes Zorn.

81 *Pein des Feuers* – der Hölle.

82 Bitte um Sündenvergebung vor dem Tod. *Was du uns durch deine Gesandten* [die Propheten] *verheißen hast:* das Paradies als himmlischen Lohn.

83 Die Wallfahrt nach Mekka und zu den in der Nähe dieser Stadt gelegenen heiligen Stätten bildet den Höhepunkt muslimischer Frömmigkeit. Das Mohammed zugeschriebene Gebet ist vom Pilger am Berg Arafat, ca. 25 Kiliometer von Mekka entfernt, zu sprechen.

84 Das am häufigsten gesprochene Gebet des Islams. Die Nachdichtung vermittelt einen Eindruck von der poetischen Kraft des arabischen Wortlauts. *Rachmân:* Erbarmer, einer der Namen Gottes.

85 Das kühne Gebet richtet sich gleichzeitig an die *Sonne* und an Gott. Von Gott erschaffen, bildet die Sonne eine göttliche Gabe an den Menschen. Im Wortlaut schimmert noch durch, dass die Sonne bei den vorislamischen Arabern eine wichtige (männliche) Gottheit war.

86 Schîrîn («die Süße»), die Heldin des persischen Versepos «Kusrau und Schîrîn», drückt den Schmerz aus, den sie empfindet, als ihr Geliebter eine andere Frau heiratet. Der persische Dichter legt der christlichen Heldin ein Gebet in den Mund, das islamischer Theologie entspricht. Durch seine Anordnung bestimmt Gott sowohl das äußere Geschehen als auch die emotionale Reaktion des Menschen.

87 Mohammed zugeschriebenes Gebet um Erleuchtung, vom Pilger zu sprechen am Berg Arafat bei Mekka. Im Koran wird Gott selbst als Licht bezeichnet (Sure 24, 35).

90 Gebet des persischen Mystikers, die Verschmelzung zwischen Gott und der Seele des Beters besingend, in der Nachdichtung von Friedrich Rückert. *Wie Wasser mit dem Weine:* Dieser berühmte Vergleich geht auf den Mystiker al-Ḥallâdsch (857–922) zurück.

91 *Sie macht die Pfade ... leicht zu wandeln:* In der Dunkelheit sind die Wege im Dschungel und in unbekanntem Gebiet schwer zu finden.

93 *Indra* ist göttlicher Schirmherr der Krieger. Er gilt als Töter des bösen *Drachens* Vritra und liebt *Soma*, den berauschenden Pflanzensaft.

94 Vor allem bei den Bengalen Indiens gilt die Göttin Durga als alles leitende Welten*mutter*. Kamalâkânta ist der Name des Beters, der an dieser Stelle von sich in der dritten Person spricht.

95 Der angeredete Gott ist Râma, den der indische Dichter als seinen persönlichen Schutzgott betrachtet.

96 Der indische Guru, Begründer des Sikhismus, verschmolz Hinduismus und Islam zu einer einzigen ökumenischen Religion. Die Götter der Hindus (der Rechtsgott *Dharma* und dessen Schreiber *Citra* und *Gupta*; ferner *Schiva, Brahma, Parvati*), die Frommen *(Siddhas)* und die ihre Schriften *(Veden)* rezitierenden Gelehrten *(Pandits)* – sie alle preisen den einen, vom Islam erkannten Gott. Die *Borne aller Lebewesen* sind mythische Reservoirs, aus denen der Schöpfergott die ins Sein tretenden Wesen hervorholt.

97 Wer die «dreifache Zuflucht» in Gegenwart eines Mönchs rezitiert, bekennt dadurch seine Zugehörigkeit zum Buddhismus. *Buddha, Lehre* (Dharma) und *Gemeinde* (Sangha) sind die «drei Juwelen» des Buddhismus. Die *Lehre* handelt von Leiden und Wiedergeburt.

98 Als *Juwel* wird ein schützender Geist angerufen, der in der Welt (bildlich: auf der *Lotos*blüte) ist. Die aus dem Sanskrit stammende Anrufung wird von zwei heiligen Lauten – *om* und *hûm* –

gerahmt. * Mit dem von den Amida-Buddhisten Südostasiens häufig gesprochenen, hier in der japanischen Form gebotenen Wort überlässt sich der Gläubige in vollem Vertrauen dem Urquell des Lebens, der als unendliches Glück und Licht, nämlich Weisheit und Liebe, verstanden wird. *Amida Buddha* ist der «Buddha des unermesslichen Lichts und Lebens»; der Überlieferung nach hat er jedem, der ihm ganz vertraut, die Wiedergeburt im jenseitigen Paradies verheißen.

99 Im Weltbild des Amida-Buddhismus liegt das *Paradies*, in welchem der erleuchtete Mensch nach seinem Tode wiedergeboren wird, im *Westen*. Schon im jetzigen Leben vermag das Paradies erfahren zu werden.

100 Aus dem großen Gebet, das am Heiligtum von *Ise* am Erntebittfest gesprochen wird. Der Kaiser von Japan gilt als *göttlicher Nachkomme* der Sonnengöttin.

Quellenverzeichnis

1 W. Koppers, Gottesglaube und Gebete der Yamana auf Feuerland, Düsseldorf 1926, 18–19.
2 R.H.P. Trilles, Le Totémisme chez les Fân, Münster 1912, 372. Übersetzt von B. Lang.
3 G. M. Setiloane, Der Gott meiner Väter und mein Gott, Wuppertal 1988, 93. ©Verlag Peter Hammer, Wuppertal 1988.
4 Popol Vuh. Das Buch des Rates, übers. von Wolfgang Cordan, Düsseldorf: Eugen Diederichs Verlag, Köln 1978, 155f. © Heinrich Hugendubel Verlag, Kreuzlingen/München.
5 W. Müller, Glauben und Denken der Sioux, Berlin 1970, 122. © Dietrich Reimer Verlag, Berlin.
6 Müller, Glauben und Denken der Sioux, 160f.
7 W. Müller, Geliebte Erde, Bonn 1972, 10f. © Bouvier Verlag, Bonn.
8 A.L. Kroeber, The Arapaho, Lincoln, Nebr. 1983, 314. Übersetzt von B. Lang.
9 H.A. Schlögl, Weisheit vom Nil, Düsseldorf 2001, 83f (aus dem «kleinen Hymnus»). ★ E. Hornung, Echnaton, Düsseldorf 2000, 90f (aus dem «großen Hymnus»). © Artemis & Winkler, Düsseldorf.
10 W. Beyerlin (Hg.), Religionsgeschichtliches Textbuch zum Alten Testament, Göttingen 1975, 133.
11 K. A. Pfeiff, Homerische Hymnen, Tübingen 2002, 67 (Nr. 20). © Stauffenburg Verlag, Tübingen.
12 Platon, Phaidros 279 B/C. Übersetzt von B. Lang.
13 U. von Wilamowitz-Moellendorff, Reden und Vorträge, 4. Aufl., Bd. 1, Berlin 1925, 325–327 (Stobaeus, Anthologium I 1,12).
14 Marcus Porcius Cato, Über den Landbau 141. Übersetzt von B. Lang.

15 Marc Aurel, Selbstbetrachtungen 5,7. Übersetzt von B. Lang.

16 Apuleius, Metamorphosen (Der goldene Esel) 11,24. Übersetzt von B. Lang.

17 Orpheus. Altgriechische Mysterien, übertragen von J. O. Plassmann, Jena 1928, 55 (Orphische Hymnen Nr. 2).

18 Corpus Hermeticum I, 31. Übersetzt von B. Lang.

19 R. Merkelbach, Isis Regina – Zeus Sarapis, Die griechisch-ägyptische Religion nach den Quellen dargestellt, 2., verbesserte Aufl., München, Leipzig 2001, 198 (Papyri Magicae Graecae XII, 244–252). © K.G. Saur, München, Leipzig.

20-28 Münsterschwarzacher Psalter, Münsterschwarzach 2003. ©Vier-Türme-Verlag, Münsterschwarzach.

29 Psalm 23, Lutherübersetzung.

30 Chr. Burchard (Hg.), Joseph und Aseneth kritisch herausgegeben, Leiden 2003, 154–164 (Kap. 12). Übersetzt von B. Lang.

31 1 Könige 8,28 ff., Einheitsübersetzung.

32 Babylonischer Talmud, Berakhot 17a. Übersetzt von B. Lang.

33 Das jüdische Gebetbuch, hg. von Jonothan Magonet, Gütersloh 1997, Bd. 1, 67 (Schakhar 'avaqqeschekhâ © Chr. Kaiser/Gütersloher Verlagshaus GmbH, Gütersloh.

34 Jehuda Halevi, Ein Diwan. Übersetzt von Emil Bernhard, Berlin 1921, 15–18 (Adonâj negdekhâ kol-ta'awâtî).

35 Das jüdische Gebetbuch, Bd. 1, 2536. 536.594.

36 Das jüdische Gebetbuch, Bd. 1, 138.

37 Das jüdische Gebetbuch, Bd. 1, 141 (Schâlôm 'aleikhem).

38 Das jüdische Gebetbuch, Bd. 2, 302.

39 H. Vogelstein, Israelitisches Gebetbuch der Synagogen-Gemeinden Westfalens, Bd. 1, Rödelheim 1894, 11 (Adôn 'olâm).

40 Das jüdische Gebetbuch, Bd. 1, 589.

41 Babylonischer Talmud, Berakhot 17a. Übersetzt von B. Lang.

42 Medizinische Annalen für Ärzte und Gesundheitsliebende 1 (1781), 421–425.

43 E. Lasker-Schüler, Werke, Band 1: Gedichte, Frankfurt 1996, 247 («Ein Lied an Gott»), 97 («Zebaoth»). © Jüdischer Verlag im Suhrkamp Verlag, Frankfurt a. M.

45 Marienlexikon Bd. 6, St. Ottilien 1994, 327.

46 Augustinus, Soliloquia 5. Übersetzt von B. Lang.

47 A. Adam, Te Deum laudamus. Große Gebete der Kirche.

Lateinisch-deutsch, Freiburg 1987, 40–41 (Te lucis ante terminum).

48 H. Bone, Cantate! Katholisches Gesangbuch, 2. Aufl., Paderborn 1851, 93 f.

49 Adam, Te Deum laudamus, 174 f.

50 Opuscula S. Patris Francisci Assisiensis, hg. von C. Esser, Grottaferrata 1978, 84–86. Übersetzt von B. Lang.

51 Adam, Te Deum laudamus, 62–67 (Lauda, Sion, salvatorem).

52 Mechthild von Magdeburg, Das fließende Licht der Gottheit, übersetzt von M. Schmidt, Stuttgart 1995, 331 f (VII, 58). © Friedrich Frommann Verlag Günther Holzboog, Stuttgart.

53 A. Heinz, Gebete aus St. Thomas. Geistliche Texte aus einer mittelalterlichen Zisterzienserinnenabtei, Trier 1980, 65.

55 The Complete Works of St. Thomas More, Bd. 13, hg. von G. E. Haupt, New Haven 1976, 229f («O Holy Trinitie»). Übersetzt von B. Lang.

56 Fr. Schulz, Die Gebete Luthers, Gütersloh 1976, Nr. 97; 301; 607; 453; 477; 489.

57 Teresa von Avila, «Ich bin ein Weib – und obendrein kein gutes», übersetzt von E. Lorenz, Freiburg 1982, 114 («Vuestra soy, para vos nací»). © Verlag Herder, Freiburg i. Br., 4. Aufl. 2001.

58 François de Sales, Introduction à la vie dévote, hg. E.-M. Lajeunie, Paris 1962, 82 (Teil 2, Kapitel 10). Übersetzt von B. Lang.

59 Heinrich Albert, Arien, Bd. 2 (Denkmäler deutscher Tonkunst I, 13), Wiesbaden 1958, 150 und XXII.

60 Pascal, Œuvres complètes, hg. von J. Chevalier, Paris 1954, 613 («Prière pour demander à Dieu le bon usage des maladies», Nr. 14–15). Übersetzt von B. Lang.

61 Œuvres complètes de Fénelon, hg. von J.-E.-A. Gosselin, Bd. 6, Paris 1852, 47 f. Übersetzt von B. Lang.

62 Fr. Schulz, in: Jahrbuch für Liturgik und Hymnologie 34 (1992/93), 3–21 (Komm, Herr Jesus).

64 Gesangbuch der Evangelisch-methodistischen Kirche, Stuttgart 2002, 1367. © Medienwerk der Evangelisch-methodistischen Kirche, Stuttgart.

65 Novalis, Geistliche Lieder, Nr. 14.

66 W. Freund, Müde bin ich, geh' zur Ruh. Leben und Werk der Luise Hensel, Wiedenbrück 1984, 100.

68 E. Mörike, Werke in einem Band, hg. von H.G. Göpfert, München 1977, 127.

69 F. Dostojewskij, Die Brüder Karamasow. Aus dem Russischen von S. Geier, Zürich 2003, 662 (8. Buch). © Ammann Verlag, Zürich.

70 Fr. Nietzsche, Frühe Schriften, hg. von H.J. Mette, München 1994, Bd. 2, 428.

71 Chr. Renoux, La prière pour la paix attribuée à saint François, Paris 2001.

72 H. Felleman (Hg.), The Best Loved Poems of the American People, Garden City 1936, 309. Übersetzt von B. Lang.

73 W. Rauschenbusch, Für Gott und das Volk. Gebete der sozialen Erweckung, Göttingen 1928, 30 f.

74 Edith-Stein-Gesamtausgabe. © Verlag Herder, Freiburg.

75 D. Bonhoeffer, Widerstand und Ergebung, Gütersloh 1998, 607 f. © Chr. Kaiser/Gütersloher Verlagshaus GmbH, Gütersloh.

76 The Essential Reinhold Niebuhr, hg. von R. McAfee Brown, New Haven 1986, 251. Übersetzt von B. Lang. Vgl. E. Goldberg, Geschichte des Gelassenheits-Gebets, Goch 2. Auflage 2011.

77 D. Hammarskjöld, Zeichen am Weg. Übersetzt von A. Knyphausen, München 1967, 78; 112; 58 © für die deutsche Fassung: 1965 Droemersche Verlagsanstalt Th. Knaur Nachf. GmbH & Co. KG, München.

78 F. Pawelzik, Ich singe dein Lob durch den Tag, Wuppertal 1965, 5 f. Die abgedruckte gekürzte Fassung ist vom Verfasser autorisiert. © Fritz Pawelzig, Düsseldorf.

79 Koran, Sure 114: Der Koran. Neu übertragen von Hartmut Bobzin, München 2010. © Verlag C.H. Beck, München. Auch die weiteren Koranstellen sind dieser Ausgabe entnommen.

80 Ṣaḥîḥ Muslim, übersetzt von Abdul Hamid Siddiqi, New Delhi 1977, 346. 254. 255 f. 258 (Zitat aus Sure 1).

81 A. Th. Khoury, Gebete des Islam, Gütersloh 1995, 34. © A. Th. Khoury, Altenberge.

82 Koran, Sure 3, 193-194.

83 Khoury, Gebete des Islam, 36.

84 Der Koran, übersetzt von H. Grimme, Paderborn 1923, 55 (Nachdichtung).

85 A. Schimmel, Dein Wille geschehe. Die schönsten islamischen Gebete, Kandern 4. Auflage 2000, 42. © Spohr Verlag, Kandern.

86 Nizami, Chosrou und Schirin, übersetzt von J. Chr. Bürgel, Zürich 1980, 213 f. © Manesse Verlag, Zürich.

87 Khoury, Gebete des Islam, 35.

88 Koran, Sure 3, 26–27.

89 Schimmel, Dein Wille geschehe, 17.

90 Fr. Rückert, Gesammelte poetische Werke in zwölf Bänden, Frankfurt 1882, Bd. 5, 225 (aus den «Wanderungen»).

91 H. Brunnhofer, Über den Geist der indischen Lyrik, Leipzig 1882, 8 f (Rigveda 6, 64).

92 Das Spiel des Unendlichen. Gott, Welt und Mensch in der Dichtung der Hindus. In deutscher Nachbildung von Helmuth von Glasenapp. Sammlung Klosterberg, Neue Folge. © Schwabe AG, Basel 1953.

93 O. von Glasenapp, Indische Gedichte aus vier Jahrtausenden, Hamm 1925, 8 f (Rigveda 10, 152).

94 O. von Glasenapp, Indische Gedichte aus vier Jahrtausenden, 115.

95 M. Kämpchen, Krishnas Flöte. Religiöse Liebeslyrik aus Indien, Freiburg 1979, 30. © Verlag Herder, Freiburg.

96 M. Thielmann-Horst, Leben aus der Wahrheit. Texte aus der Heiligen Schrift der Sikhs, Zürich 1988, 49 f. © Benziger Verlag, Düsseldorf.

97 M. Winternitz, Der ältere Buddhismus nach Texten des Tipitaka (Religionsgeschichtliches Lesebuch 11), Tübingen 1929, 129 f (Khuddaka-Pâtha).

98 C. Steineck, Quellentexte des japanischen Amida-Buddhismus, Wiesbaden 1997, 39. © Harrassowitz, Wiesbaden.

99 K. L. Reichelt, Der chinesische Buddhismus, Basel 1926, 111 f.

100 M. Eder, Geschichte der japanischen Religion, Nagoya 1978, Bd. 1, 312.

Für sachliche Hinweise und Hilfe dankt der Herausgeber Edeltrud Büchler, Angela Landwehr, Peter Th. Lang, Christiane Langer-Kaneko, Ulrich Nolte, Frieder Schulz, Gia Toussaint, Stefan Wild und Eberhard Zwink.